Cahiers libres

Du même auteur

Chez le même éditeur

Le Tribut foncier urbain, 1974.
Le Capital et son espace, 1977 (nouvelle édition : 1983).
Crise et inflation : pourquoi ?, 1979.
Le Monde enchanté. De la valeur à l'envol inflationniste, 1983.
L'Audace ou l'enlisement. Sur les politiques économiques de la gauche, 1984.
Mirages et miracles. Problèmes de l'industrialisation dans le tiers monde, 1985.
Choisir l'audace. Une alternative pour le XXIe siècle, 1989.
Vert espérance. L'avenir de l'écologie politique, 1993.
La Société en sablier. Le partage du travail contre la déchirure sociale, 1996 (nouvelle édition augmentée en poche : 1998).
Qu'est-ce que l'écologie politique ? La grande transformation du XXIe siècle, 1999 (nouvelles éditions augmentées en 2003 à La Découverte, et en 2012 aux éditions Les Petits Matins).
Pour le tiers secteur. L'économie sociale et solidaire : pourquoi ? comment ?, en coédition avec La Documentation française, 2001.
Refonder l'espérance. Leçons de la majorité plurielle, 2003.

Aux Éditions Anne-Marie Métailié

Phèdre : identification d'un crime, 1992.

Aux Éditions Les Petits Matins

Les Fantômes de l'Internet, polar-bouffe, 2011.
La SNCF et la Shoah. Le procès G. Lipietz contre État et SNCF, 2011.

Aux Presses Universitaires de France

Les Régions qui gagnent. Districts et réseaux : les nouveaux paradigmes de la géographie économique (avec Georges Benko), 1992.
La Richesse des régions. Pour une géographie socio-économique (avec Georges Benko), 2000.

Aux Éditions Quai Voltaire

Berlin, Bagdad, Rio. Le XXIe siècle est commencé, 1992.

Aux Éditions Syros

La Crise (avec Denis Clerc et Joël Satre-Buisson), 1983.

Aux Éditions Textuel

Face à la crise : l'urgence écologiste, conversation avec Bertrand Richard, 2009.

Alain Lipietz

Green Deal

La crise du libéral-productivisme et la réponse écologiste

La Découverte
9 *bis*, rue Abel-Hovelacque
75013 Paris

Si vous désirez être tenu régulièrement informé de nos parutions, il vous suffit de vous abonner gratuitement à notre lettre d'information bimensuelle par courriel, à partir de notre site

www.editionsladecouverte.fr

où vous retrouverez l'ensemble de notre catalogue.

ISBN 978-2-7071-7333-1

Introduction

Ouverte officiellement par la faillite de la banque Lehman Brothers en septembre 2008, la crise actuelle, devenue en 2010 crise des dettes souveraines, apparaît aussi sérieuse que la Grande Dépression des années 1930. Elle mérite certainement le titre de « grande crise ». C'est-à-dire : la fin d'un modèle de développement.

Ce modèle qui s'effondre, et dont le règne s'étend de la fin des « Trente Glorieuses » années de l'après-guerre (vers 1980) jusqu'à nos jours, a été parfois appelé *néolibéral* ou mieux *libéral-productiviste*. Aujourd'hui, il entre à son tour en crise, et son double caractère, à la fois libéral et productiviste, semble confirmé par la double origine de sa crise, conformément à l'adage hégélien selon lequel « la chouette de Minerve prend son envol à la tombée de la nuit ». Et du caractère double de sa crise résulte la double solution, à la fois sociale et écologiste, qu'il requiert.

Évidemment, comme dans les années 1930, il faudra bien trouver une solution à la crise de la dette et aux désordres financiers. Pourtant, le présent texte est dédié aux aspects sociaux et plus particulièrement aux aspects écologiques de la sortie de crise. Trop souvent, une touche verte est apposée sur une analyse principalement financière et économique de la crise, comme une « vertitude » imposée par l'opinion publique. Au contraire, nous allons essayer d'enraciner la nécessité d'une « solution verte » dans l'analyse de la composante écologique de la crise. Pour ce faire, nous devons remonter à la nature du modèle en crise, et aux mécanismes de sa crise.

Car, comme disait le grand historien Ernest Labrousse [1], « une société a la conjoncture de sa structure », et la structure complexe du modèle libéral-productiviste détermine la complexité de la crise présente. En tant que crise d'un modèle libéral, elle a bien des traits communs avec la Grande Dépression. En tant que crise écologique, crise d'un modèle « productiviste », elle évoque ce que les historiens, notamment Fernand Braudel et Ernest Labrousse, appellent les « crises d'Ancien Régime [2] », dont le dernier épisode déclencha les révolutions européennes de 1848.

Comme dans les années 1930, la crise actuelle a débuté par une crise financière et même boursière, mais a bien vite révélé ses profondes racines sociales et macroéconomiques. Les riches sont trop riches, les salariés trop pauvres, une crise de « sous-consommation » était inévitable. La solution à la crise des années 1930 fut finalement un développement du *New Deal* proposé par le président américain Franklin D. Roosevelt : augmenter les salaires, et vendre une automobile à chaque travailleur, comme le recommandait Henry Ford. Et puis élargir l'offre de monnaie, fondée sur le crédit de masse, comme le recommandait J. M. Keynes. Mais, comme en 1848 (et contrairement à 1930), la terre paraît si peu « généreuse » au genre humain dans les années 2000 que les prix agricoles, miniers et pétroliers s'envolent. La demande en biens durables manufacturés est évincée du budget des ménages pauvres et moyens par la montée du prix des biens de base (nourriture, chauffage, transports). En fait, cette « avarice » de la terre n'est que le résultat

---

1 Ernest Labrousse, *La Crise de l'économie française à la fin de l'Ancien Régime et au début de la Révolution*, PUF, Paris, 1944.

2 Fernand Braudel, Ernest Labrousse, *Histoire économique et sociale de la France*, PUF, Paris, 1979. Il s'agit de crises nées de mauvaises récoltes. Le prix du grain monte, le salaire des ouvriers agricoles baisse, ils refluent vers les villes et dépriment encore les salaires urbains. Le pouvoir d'achat en nourriture baisse pour tous les ouvriers, qui consomment donc moins de biens manufacturés (vêtements…), ce qui provoque une nouvelle vague de chômage, etc.

des gaspillages productivistes des modèles de développement précédents. Une solution « fordiste » à la crise ne pourrait donc enclencher aujourd'hui qu'une rechute dans la crise : un nouveau choc sur les prix alimentaires et pétroliers, une aggravation de la dérive climatique et, si l'on cherche une échappatoire du côté du nucléaire, de nouveaux Fukushima...

Mais, d'un autre côté, « verdir » une simple politique de relance budgétaire habituelle, en attribuant plus de subventions publiques aux technologies vertes, et en ignorant la profondeur des inégalités à l'origine de la dimension libérale de la crise et la nécessité de profondes réformes sociales, serait une erreur symétrique. Les aspects financiers, sociaux, écologiques de la crise sont tissés de manière si serrée qu'aucune solution partielle ne serait efficace. Nous avons besoin d'un *Green Deal*, un nouveau pacte vert, à la fois écologiste et social. Et ce, au niveau mondial.

Le plan de ce livre répond à cette nécessité. D'abord, nous rappelons les composantes du modèle de développement finissant. Puis nous examinons les facteurs entrelacés de sa crise, de 2007 au début de 2012. Ensuite nous développons plus précisément les éléments d'un *New Deal* spécifiquement vert, puis les chemins de la transition. Nous examinerons alors les difficultés de la mise en œuvre d'un tel compromis. Et finalement nous donnons quelques recommandations politiques.

Ce livre parle d'une crise mondiale. Il s'appuie sur mes travaux de recherche en économie internationale et sur mon expérience de dix années au Parlement européen, comme membre de la Commission économique et monétaire et de la Commission du commerce international, et vice-président du Parlement euro-latino-américain. J'ai pu y observer en temps réel la véritable naissance de la crise en 2007, et les premières réactions des autorités européennes. J'ai livré mes premières analyses dans un livre-entretien, *Face à la crise : l'urgence écologiste*. Certains développements de cet entretien (sur l'idéologie et la culture du modèle en crise, sur la nature particulière de sa monnaie, sur la conversion verte...) n'ont rien perdu de leur actualité, et ne sont pas repris ici [3]. Le présent livre, dont les éléments ont d'abord été discutés en Grande-Bretagne et au Japon [4], demeure néanmoins, quant à ses exemples et principales propositions, centré sur les pays « riches », sur l'Europe et sur la France. On n'y trouvera pas de recommandations pour les pays les moins avancés ou intermédiaires de l'Afrique, de l'Amérique ou de l'Asie. J'estime en effet n'avoir aucun titre qui me permette de parler pour ces pays, et par ailleurs je souhaite rédiger un livre « petit », centré sur les problèmes les plus importants des pays les plus « responsables » de la crise actuelle, y compris mon propre pays. Car là d'où vient le mal, là est la responsabilité.

Je remercie toutes les amies et amis, militants politiques, associatifs ou professionnels, de l'écologie politique en Europe et dans le monde, dont l'expérience a profondément influencé ma réflexion. J'espère convaincre lectrices et lecteurs, non de la profondeur de cette crise (aujourd'hui évidente), mais de la possibilité d'en sortir, à condition de le vouloir… et d'en mesurer l'urgence.

---

3 *Face à la crise : l'urgence écologiste*, conversation avec Bertrand Richard, Textuel, Paris, 2009. De la même façon, je ne reprends pas ici l'explication des méthodes et des valeurs qui fondent l'écologie politique (et qui inspirent les voies de sortie de crise privilégiées ici), déjà exposées dans mon livre *Qu'est-ce que l'écologie politique ? La grande transformation du XXIe siècle*, La Découverte, Paris, 1999, 2003 (rééd. 2012 aux Éditions Les Petits Matins, Paris).

4 « Fears and hopes. The crisis of the liberal-productivist model and its green alternative », présenté à la conférence *Responding to the Crisis in International Development*, 20th Anniversary Conference of International Development Dept., LSE, 8 septembre 2011 ; et à la conference *The Global Economic Crisis and State : Alternative Approaches for Monetary and Fiscal Policies*, 59th JSPE Annual Conference, université Rikkyo, Tokyo, 17 septembre 2011. Je remercie les participants de ces conférences et toutes les personnes qui ont réagi à la mise en circulation de ce texte pour leurs précieuses remarques, dont j'ai tâché de tenir compte.

1

Le modèle libéral-productiviste

Dire que la crise actuelle est une « grande crise » ne signifie pas seulement qu'elle est mondiale, violente et profonde ! Cette notion, comme celle de « modèle de développement », renvoie à une approche économique, élaborée principalement en France, à propos d'une autre « grande crise », celle du modèle de développement de l'après-guerre, aux États-Unis et dans les pays ouest-européens : le « fordisme ». Lors de cette crise, ouverte au milieu des années 1970 par un choc pétrolier, on s'est rendu compte que le capitalisme ne fonctionne pas toujours de la même manière (quoiqu'en des pays plus ou moins « développés »), et que ses crises sont fort différentes selon le « modèle » en vigueur. Des crises, on en a toujours connu : les tensions qui structurent le capitalisme devraient lui imposer une marche cahotante, n'était la présence d'habitudes, de routines, d'institutions, qui en général remettent ses acteurs (entreprises, ménages, banques, États...) dans le droit chemin, qui le « régulent ». Or ces modes de régulation varient d'une période ou d'un pays à l'autre : le capitalisme est plus ou moins libéral ou dirigiste, concurrentiel ou monopoliste... D'où le nom donné à cette approche : la « théorie de la régulation [1] ». Elle va nous servir de

1 Cette approche est présentée par exemple dans l'ouvrage de Robert Boyer, *La Théorie de la régulation. Les fondamentaux*, La Découverte, coll. « Repères », Paris, 2004. Voir aussi Alain Lipietz, *Mirages et miracles. Problèmes de l'industrialisation dans le tiers monde*, La Découverte, Paris, 1985.

guide dans ce petit livre, même si nous chercherons à en éviter les termes techniques.

L'approche de la régulation appelle « modèle de développement » le fonctionnement typique du capitalisme pour une période relativement longue (disons : trente ans). Pendant cette période, les petites déviations qui s'accumulent par rapport au modèle sont brutalement rectifiées par une crise, qui traduit la réaction même des forces régulatrices. Par exemple, l'excès de production de tulipes provoque l'écroulement du prix des tulipes : on n'en meurt pas. On parle alors de « petites crises ». Mais vient un moment critique où le modèle n'est plus réparable. Cela ne veut pas dire que le capitalisme est condamné, mais qu'il doit au moins changer de modèle, et ne sait pas encore lequel adopter. On parle dans ce cas de « grande crise ». La grande crise correspond bien à la définition qu'en donnait le philosophe marxiste italien Antonio Gramsci au début du siècle dernier : « L'ancien se meurt, le nouveau ne parvient pas à voir le jour, dans cet interrègne surgissent les monstres. »

Selon l'approche de la régulation, on peut décrire un modèle de développement capitaliste par les dimensions suivantes (et ici, j'utilise les mots techniques) :

– Un « paradigme technologique » : la façon dont le travail salarié est typiquement organisé. Par exemple : par petites ou grosses équipes ? Chacun ayant un travail qualifié et complexe, ou au contraire répétitif ? Charlie Chaplin, dans *Les Temps modernes*, a immortalisé le nouveau paradigme qui s'affirmait dans l'entre-deux-guerres aux États-unis, la chaîne de montage, avec un travail parcellisé, répétitif : le « taylorisme ».

– Un « régime d'accumulation » : la structure, stable dans sa forme générale, de la demande sociale effective. Combien d'automobiles, de logements, de téléviseurs, de paires de chaussettes, de kilos de pommes, mais aussi de machines-outils, de camions, de tonnes de polystyrène, etc. seront effectivement demandés la semaine prochaine par la société, permettant la vente continue de l'offre de marchandises par les entreprises, donc la « réalisation » en monnaie de cette offre, et orientant les profits de façon assez prévisible vers de nouveaux investissements. Car, dans une économie marchande comme le capitalisme, il ne suffit pas d'investir et de produire, il faut savoir si ce qu'on offre trouvera une demande effective[2], sera vraiment « validé », réalisé en monnaie[3] !

– Un « mode de régulation » : l'ensemble des institutions et des routines qui induisent les agents à se comporter conformément au régime d'accumulation. Cela va de la monnaie elle-même et de l'État à l'organisation des marchés, aux conventions collectives, à la publicité, etc.

– Une « configuration internationale » : la compatibilité entre les différentes formations socio-économiques nationales, lesquelles suivent des modèles qui peuvent être différents, et pourtant « échangent » des capitaux et des marchandises (parfois des travailleurs migrants) sur le marché mondial.

Une telle méthodologie a été développée, je l'ai dit, par l'approche de la régulation dans l'étude du modèle fordiste et de sa crise, autour de 1975-1982. Ainsi : le fordisme était fondé sur le travail à la chaîne, la production de masse à une échelle de plus en plus grande, avec en face la société de consommation, promise, à terme, à presque tous par de solides conventions collectives, modèle proposé par l'hégémonie américaine aux autres pays développés, et imposé aux pays du tiers monde qui fournissaient énergie, matières premières et travailleurs migrants. L'approche de la régulation a ensuite permis une identification précoce des nouveaux modèles en compétition, et l'analyse de celui qui l'a emporté dans les années 1980, le

---

2 L'insistance sur le mot « effective » (dans « demande *effective* »), due aux économistes qui firent la critique du libéralisme (Marx, Kalecki, Keynes), s'oppose à la croyance libérale selon laquelle « l'offre engendre sa propre demande » (loi de Jean-Baptiste Say). Selon les libéraux comme Say, la production engendre des salaires et des profits, et ces revenus achètent la production. Pas du tout : la seule demande effective qui fait face à l'offre des entreprises se compose des salaires déjà distribués et des crédits accordés (plus la demande publique et les exportations, mais ne compliquons pas les choses tout de suite). Les profits ne sont réalisés qu'après la vente (toujours hasardeuse) des marchandises offertes.

3 Plus généralement, on le verra dans la crise, il est essentiel, pour un propriétaire de capitaux, de savoir s'il peut « réaliser ses actifs » (c'est-à-dire ce qu'il possède), quelle que soit leur forme, c'est-à-dire vendre contre monnaie ses stocks, ses installations, ses titres financiers…

modèle libéral-productiviste (LP) [4], que je vais présenter maintenant.

Un taylorisme répressif

L'une des composantes de la crise du fordisme (vers 1975) fut l'épuisement des gains de productivité qui résultaient de son paradigme technologique, le « taylorisme » : une division stricte entre les tâches de conception et les tâches d'exécution et la prescription de tâches d'exécution parcellisées, par les ingénieurs et techniciens, aux opérateurs (ouvriers spécialisés) travaillant à la chaîne.

Dans le modèle libéral-productiviste, le taylorisme a été étendu aux métiers tertiaires et exacerbé par une pression sur les résultats (« Le client n'attend pas », « Faites du chiffre »...). Tous les postes de travail supposés inutiles, ceux où « on se la coulait douce » (selon les employeurs ! c'est-à-dire en fait les postes un peu « détendus », où l'on prenait le temps par exemple de s'occuper des clients) ont été pourchassés, réorganisés, réduits à la taille la plus mince (*lean*) [5]. C'est le *lean management*, puis le *stress management* (management par l'angoisse, pour faire rendre au travailleur jusqu'à son dernier souffle) et même le *crash management* (pousser le travailleur à bout pour qu'il démissionne sans indemnité de licenciement). Ce tournant, de la « prescription » à la « répression », a entraîné un accroissement brutal du stress, des maladies professionnelles telles que

---

4 Pour une identification précoce du modèle LP, voir Barry Bluestone, Bennett Harrison, *The Great U-turn. Corporate Restructuring And The Polarizing Of America*, Basic Books, New York, 1988. Pour une analyse régulationniste du modèle parvenu à maturité, avec déjà des propositions pour en sortir, voir Alain Lipietz, *La Société en sablier. Le partage du travail contre la déchirure sociale*, La Découverte, Paris, 1996.

5 Le modèle LP se manifesta, au début du moins, comme l'âge de l'hégémonie totale de l'unique superpuissance, les États-Unis, tandis que la France accélérait son déclin. Il en résulta un appauvrissement de la créativité de la langue française par rapport à l'anglais en économie, et l'invasion des termes théoriques ou descriptifs anglais. Dans ce livre je donnerai les termes du « franglais » devenus usuels, en cherchant à leur suggérer un équivalent français.

les tendinites, des suicides, etc. Une telle tendance s'est manifestée aussi bien dans les vieux pays industriels qu'au sein des nouvelles puissances émergeant du tiers monde [6].

Il faut rappeler que, dans les années 1980, une alternative semblait possible, fondée sur une haute qualification des travailleurs, et leur « implication négociée » dans la recherche de la meilleure efficacité technique de la production et de la meilleure qualité du produit, à travers ce qu'on appelait les « cercles de qualité ». Le modèle de cette alternative « qualifiée » au taylorisme était le système Toyota, ou Volvo, ou celui des moyennes entreprises des Alpes alémaniques, du nord de l'Italie, de la Bavière et du Bade-Wurtemberg. Cette alternative, hautement prisée par un livre fameux de Michael Piore et Chuck Sabel [7], a démontré sa supériorité dans quelques pays et quelques niches (la Scandinavie, partiellement l'Allemagne et le Japon). Mais elle est restée minoritaire au niveau mondial, parce que la combinaison « taylorisme répressif + précarité et bas salaires » s'est révélée plus compétitive que le modèle « implication négociée + salaires décents » dans la plupart des branches d'activité [8].

---

6 Les témoignages sur les effets des « nouvelles techniques de management » abondent en documentaires télévisés (surtout après la vague de suicides des années 2000) ou écrits (beaucoup plus tôt). Voir par exemple Albert Durieux et Stéphane Jourdain, *L'Entreprise barbare*, Albin Michel, Paris, 1999. Plus théorisé : Francis Ginsbourger, *La Gestion contre l'entreprise. Réduire le coût du travail ou organiser sa mise en valeur*, La Découverte, Paris, 1998 ; Christophe Dejours, *Souffrance en France. La banalisation de l'injustice sociale*, Le Seuil, Paris, 1998 ; les articles de François Desriaux, rédacteur en chef de la revue *Santé et Travail*, dédiée à l'ensemble des aspects sociaux et environnementaux de la souffrance au travail. Plus proche de l'éclatement de la crise du travail : le diagnostic de Vincent de Gaulejac, *La Société malade de la gestion. Idéologie gestionnaire, pouvoir managérial et harcèlement social*, Le Seuil, Paris, 2005, suivi de *Travail : les raisons de la colère*, Le Seuil, Paris, 2011.

7 Michael Piore, Charles Sabel, *The Second Industrial Divide*, Basic Books, New York, 1984 (traduction française : *Les Chemins de la prospérité. Production de masse et spécialisation souple*, Hachette, 1989).

8 Sur la géographie du rapport salarial dans le monde à l'apogée du modèle LP, voir Alain Lipietz, « Les rapports capital-travail à l'aube du xxie siècle », dans J.-M. Chaumont et P. Van Parijs (dir.), *Les Limites de l'inéluctable. Penser la liberté au seuil du IIIe millénaire*, De Boeck, Bruxelles, 1991. Il s'agit de la synthèse d'un travail collectif mené dans le cadre du WIDER, un centre de recherches de l'université des Nations unies.

Un « régime en retombée » et une économie de dette

Dans le fordisme, la demande sociale était tirée par la demande populaire, elle-même fondée sur des salaires augmentant au même rythme que la productivité moyenne (c'est-à-dire la quantité de marchandises produite par travailleur, par exemple dans l'année), progression encadrée par les conventions collectives et poussée par celle du salaire minimum. Dans le modèle libéral-productiviste, la croissance des salaires est bien plus lente que les gains de productivité, au niveau mondial et en moyenne. Il en résulte une croissance des profits dans la valeur ajoutée mondiale, une croissance « rugissante », comme dans les années 1920, les *Roaring Twenties*, les « Années folles ».

En réalité, la croissance de la productivité s'est ralentie dans le Nord-Ouest du monde, mais elle s'est formidablement accélérée dans d'immenses espaces comme la Chine et l'Inde ; de même les salaires ne baissent pratiquement pas sur l'ensemble des États-Unis et continuent même à augmenter faiblement en Europe occidentale. Mais le poids des jeunes puissances émergentes du tiers monde (ou des ex-pays socialistes), où les salaires croissent relativement vite, mais à partir d'un niveau dix fois, voire cinquante fois plus bas, augmente considérablement dans la production mondiale. Dans la moyenne des coûts pour une entreprise américaine (par exemple informatique) qui fait assembler ses produits en Chine, la part des salaires baisse, même si les salaires chinois et américains augmentent, parce que le poids des travailleurs chinois augmente. Et la menace même de la « délocalisation » pèse sur le salaire des travailleurs des États-Unis ou d'Europe, et surtout « justifie » la réduction de la couverture sociale et le démantèlement des secteurs publics qui distribuaient des services fondamentaux à bas prix.

De ce fait, le fossé s'élargit entre salaires et profits, et le modèle libéral-productiviste peut être lu comme une « Grande régression » nous ramenant à la structure d'inégalités de 1928 [9]. Ces profits énormes sont, pour une part, redistribués aux propriétaires des capitaux, et leurs dépenses retombent (*trickle-down*) vers les travailleurs salariés des secteurs du luxe ou des loisirs ; pour l'autre part, ils sont réinvestis – mais pas toujours – dans des entreprises productives et, même dans ce cas, sans savoir s'ils trouveront en face d'eux une croissance suffisante de la demande effective.

En somme, tandis que, dans le fordisme, les capitalistes vivent de ce que les salariés dépensent (leur consommation de masse), dans le régime libéral-productiviste, les salariés vivent de ce que les riches et les classes moyennes dépensent. D'où l'impression que de plus en plus de pays ou de régions du monde n'ont plus d'autre vocation que le tourisme ! Mais, puisque ces « retombées » sont insuffisantes pour assurer une demande effective massive en face d'investissements exubérants, il faut distribuer des crédits à ces consommateurs insolvables que sont les classes populaires et les classes moyennes appauvries. Car, elles, elles poursuivent le rêve fordien de rattraper un jour, sinon le niveau, du moins le style de consommation des riches ! Et les banques abusent de cette crédulité en leur distribuant du crédit, et en tirent profit. Le modèle libéral-productiviste apparaît ainsi tout aussi consumériste et productiviste que le fordisme, mais ce sont des « anticipations » de croissance, à crédit, et non plus l'organisation de la croissance (à travers les conventions collectives), qui sont la condition même de la stabilité de cette croissance.

9 Pour les États-Unis, voir les données présentées par Robert Reich dans son article « The limping middle class » (*New York Times*, 4 septembre 2011), et les conséquences politiques qu'il en tire. Le fossé ne s'est pas creusé de façon aussi dramatique dans les autres pays de l'OCDE, mais il s'est creusé presque partout. Voir Eckhard Hein, « Redistribution, déséquilibres mondiaux et crise économique et financière : plaidoyer pour un *New Deal* keynésien », *J. International de Recherche Syndicale*, n° 1, vol. 3, 2011.

Le néolibéralisme

Le fordisme était « bien régulé » (on a parlé de « capitalisme organisé »). Conventions collectives et salaire minimum légal poussaient en hausse les salaires, et la Sécurité sociale permettait aux salariés de demeurer d'assez bons consommateurs dans presque toutes les circonstances. Au contraire, régulations publiques et contractuelles s'éteignent progressivement dans le régime libéral-productiviste. Comme dans la période de laisser-faire typique de l'avant-Seconde Guerre mondiale, la croyance dans la puissance autorégulatrice des marchés s'impose : la loi de l'offre et de la demande suffira à ajuster les offres et les demandes d'emplois, et les marchés ajusteront les différents secteurs à la demande réelle.

Ce n'est pas le cas. Comme dans la période classique du libéralisme (avant la Première Guerre mondiale), le « cycle des affaires » revient. Les années 1980-2005 sont ponctuées de « petites crises » assez sévères : des « bulles spéculatives » explosent périodiquement à travers le monde. Pourtant, le néolibéralisme n'a pas oublié toutes les bénédictions du mode de régulation fordiste-keynésien. Non seulement les dépenses publiques se sont maintenues à un haut niveau (financées à crédit, puisque les impôts sont réduits, au nom de la libre concurrence entre les systèmes fiscaux nationaux, ce qu'on appelle le « *dumping* fiscal »). Mais même les consommateurs privés ont pu bénéficier d'une immense création monétaire, à travers le développement des crédits privés.

Les banques privées qui prêtent aux ménages, aux entreprises, aux États contribuent à la création de monnaie disponible, la « masse monétaire » (voir l'encadré 1 sur la monnaie). Ces prêts permettent une production réelle, dont une partie revient aux banques. On appelle « seigneuriage » ce gain réel qui revient à l'émetteur de monnaie-papier. Un terme qui fleure bon le Moyen Âge : il évoque les princes qui donnaient une valeur faciale à la monnaie métallique supérieure au poids du métal. De même, les banques qui prêtent aux États nécessiteux

Encadré 1. **Qu'est-ce que la monnaie ?**

Vendre une marchandise, c'est d'abord faire reconnaître sa validité. Il « valait le coup » de la produire pour la société, puisqu'on a trouvé au moins un acheteur. Par ailleurs, celui-ci doit donner en échange au vendeur quelque chose de même valeur. La monnaie est ce « quelque chose » qui présente ces deux caractéristiques : la capacité de valider, car sa possession est en elle-même considérée comme valable, en ce que tout le monde l'acceptera en échange ; et la capacité de représenter de la valeur. Mais la nature de la monnaie a considérablement évolué au cours des siècles et, pour le comprendre, le plus simple est de suivre l'ordre historique, d'autant que l'histoire de l'invention de la monnaie détermine encore largement le vocabulaire employé et les règles de prudence concernant la monnaie.

Au début, la monnaie est une marchandise socialement choisie en fonction de ses propriétés (densité, dureté, éclat), tels que l'or et l'argent. Les pouvoirs politiques assurent ensuite l'honnêteté, la loyauté de son poids d'or en poinçonnant les pièces : ils « battent monnaie ». Bientôt, les seigneurs s'aperçoivent que leur sceau, apposé sur la pièce de métal, suffit à faire admettre non seulement la capacité de valider, mais également la quantité de valeur que recèlent les pièces de monnaie. Ils comprennent qu'il est possible de « rogner » le poids réel de la pièce ou sa teneur en métal précieux, sans perturber sérieusement les échanges, et notamment la capacité de ces pièces à payer... les fournitures de leurs armées. Cette capacité d'obtenir de vraies richesses avec de la monnaie rognée mais officielle s'appelle le « seigneuriage ». On dit que les pièces ainsi rognées ont cours légal et même « cours forcé » : la loi oblige à les accepter.

Parallèlement, on se rend compte qu'un papier (un « titre ») signé par un entrepreneur peut lui-même circuler comme de la monnaie, au moins dans un petit circuit. Par exemple, un fournisseur fait crédit à un entrepreneur parce qu'il pense que cette entreprise va réussir. Il obtient une reconnaissance de dette qui sera volontiers acceptée comme monnaie par un futur client de l'entrepreneur. Les banquiers sont des entrepreneurs capables de fournir de la vraie monnaie (des pièces d'or) en échange de ces reconnaissances de dette : on dit qu'ils les « escomptent ». Et ces titres, ils peuvent d'ailleurs les réescompter auprès d'une autre banque lorsqu'ils ont besoin de vraie monnaie. Ainsi, escomptant et réescomptant, les banques font « crédit à l'économie réelle », celle des entreprises productives, mais également aux États. En réalité, ce faisant, elles valident par anticipation la réussite des entreprises à qui elles ont fait crédit. Cette « anté-validation » crée donc une monnaie papier dont la circulation, en facilitant les échanges, crée, par prophétie autoréalisatrice, un climat général, où effectivement les entreprises de leurs débiteurs aboutissent, ce qui leur permet de rembourser.

Ainsi, par les pratiques de l'État imposant, comme monnaie à cours forcé, des signes monétaires contenant de moins en moins de valeur réelle, comme par la pratique des banquiers, émettant des titres en papier jouant à une échelle toujours plus vaste le rôle de vraies pièces de monnaie, s'esquisse l'idée que peut exister une pure monnaie de crédit, matérialisée par des livres de comptes et des rectangles de papier (sans valeur matérielle), circulant entre les banques et les agents économiques. Au lieu de « battre monnaie », on fait fonctionner la « planche à billets ».

Naturellement, tout cela repose sur la confiance que le public accorde à ces signes, la croyance générale que tous ces circuits vont bien se boucler : ce qu'on appelle le crédit. Et, naturellement, il arrive régulièrement que cette croyance ne se réalise pas. Le blocage de l'économie réelle à un endroit ou un autre (raréfaction des matières premières, effondrement d'un marché par changement des goûts de la clientèle...) provoque une chaîne de faillites et l'effondrement de la monnaie de crédit. C'est pourquoi les monnaies de crédit, « les monnaies papier », ont très longtemps maintenu un rapport étroit à une monnaie physique, l'or ou l'argent, comme un nageur qui préfère « avoir pied ».

Au XIXe siècle, on prend conscience qu'un système de monnaie-papier et de crédits peut fonctionner grâce à une hiérarchie. Les banques commerciales font crédit à l'économie (ou à l'État), les banques centrales, adossées à l'autorité des États, peuvent émettre une monnaie officielle, la seule à avoir un cours légal et même forcé. Mais les banques (et même les grandes entreprises) peuvent réescompter auprès de la Banque centrale les papiers qu'elles détiennent. Les billets qu'émet la Banque centrale sont en revanche réputés aussi bons que l'or. Ce qui signifie réellement, jusque dans les années 1930, qu'elles acceptent de changer leurs billets de banque contre de l'or. Mais surtout cela signifie que, dans les échanges entre banques centrales qui soldent les déséquilibres d'un pays à l'autre, le paiement ne peut se faire qu'en vraie monnaie : en or. C'est le régime du *Gold Standard*.

Au XXe siècle, cette dernière restriction tombe peu à peu. La livre sterling, monnaie de la plus grande puissance économique, l'Angleterre, est acceptée dans les échanges internationaux comme « bonne comme l'or ». Et, finalement, en 1931, la banque d'Angleterre renonce à la convertibilité en or de ses billets. Cela provoque un fractionnement du monde en zones monétaires. Au sortir de la Seconde Guerre mondiale, les États-Unis imposent leur monnaie, le dollar, comme « bonne comme l'or ». C'est le *Gold Exchange Standard*. Mais à leur tour, en 1971, ils abandonnent eux-mêmes la convertibilité en or du dollar. Il n'y a plus d'autre monnaie que la monnaie de crédit. Le système monétaire « n'a plus pied », il lui faut nager ou couler !

Dans cette dynamique, on voit que c'est l'activité des agents économiques, les entreprises et les États, qui crée la « masse monétaire »... en empruntant. Les banques auxquelles elles s'adressent doivent cependant toujours prouver leurs capacités à offrir de la vraie monnaie (c'est-à-dire l'or ou de la monnaie de la Banque centrale, ce qu'on appelle la « base monétaire ») à quiconque leur présenterait des titres sur une entreprise ou un État auxquels elles auraient prêté. Comme ce n'est pas toujours possible, les banques peuvent réescompter ces titres contre de la monnaie Banque centrale. La Banque centrale, pour ce faire, « prend en pension » ces titres, ou tout simplement les rachète. Ce faisant, la Banque centrale fait plus que « valider par anticipation » le succès des entreprises qui ont emprunté, entreprises qu'elle ne connaît d'ailleurs pas. Elle les « pseudo-valide », c'est-à-dire qu'en offrant de la monnaie Banque centrale, qui va fonctionner avec toutes les caractéristiques de la monnaie, en échange des titres que les banques lui présentent, elle fait « comme si » tous les paris effectués par les emprunteurs et les prêteurs de sa zone monétaire allaient effectivement se réaliser : comme si les entreprises allaient vendre leurs marchandises, les gouvernements rembourser leurs emprunts, les banques se rembourser entre elles, etc.

La validation par anticipation effectuée par les banques commerciales quand elles prêtent ou escomptent et la pseudo-validation effectuée par les banques centrales quand elles réescomptent sont deux opérations bien distinctes. Elles exigent des premières une prudence en quelque sorte microéconomique (idéalement, une étude sur la solvabilité de leurs emprunteurs ou les chances de réussite de leurs entreprises) et, pour les secondes, une étude macroéconomique sur la cohérence des revenus, crédits et emprunts dans toute l'économie dont elles ont la surveillance, pour vérifier qu'ils s'inscrivent bien dans le régime d'accumulation.

Ce mécanisme en deux temps (on parle de « double signature ») a longtemps fonctionné comme la règle de prudence de base pour faire confiance à la monnaie de crédit. C'est sans doute la raison pour laquelle, quand en 1971 a été abandonné le dernier lien entre la monnaie et l'or, cette règle de la double signature a été généralisée. Dans la plupart des pays, les États ont renoncé à se financer directement auprès de leur banque centrale (qui devait en contrepartie prouver à chaque instant que les billets qu'elle émettait étaient échangeables contre de l'or ou des réserves de dollars dont elle

> disposait). Dorénavant, les États devaient d'abord trouver une banque acceptant de leur faire crédit, ensuite ces banques devaient faire accepter par une banque centrale l'escompte du titre (on dit « obligation ») que leur avait cédé le Trésor public qui s'endettait.
> Règle fruste et parfois frustrante : les banques privées semblent avoir auprès des banques centrales plus de droits que les États qui garantissent les banques centrales – et donc plus de droits que les contribuables de ces États ! Mais, d'un autre côté, les expériences de « simple signature » ne sont en général guère concluantes. Quand un État finance systématiquement son déficit en empruntant auprès de sa Banque centrale (le financement par la planche à billets) parce que l'économie est ruinée par la guerre, ou parce que l'État n'a ni la force ni la volonté de taxer ses classes possédantes, et quand, en même temps, la Banque centrale n'a plus l'obligation de fournir de l'or ou des monnaies fortes en échange de ses propres billets, c'est la monnaie du pays qui finit par s'effondrer. À l'intérieur, la monnaie nationale s'échange contre de moins en moins de marchandises réelles (c'est l'inflation) ; à l'extérieur, elle s'échange contre de moins de monnaies fortes (c'est la dévaluation). La combinaison de l'inflation et de la dévaluation s'achève en hyperinflation et disparition de la monnaie et du crédit.

ou à l'économie réelle se couvrent en empruntant sur le marché mondial interbancaire, et la différence entre le taux du prêt (aux États, aux ménages, etc.) et le taux que la banque créditrice accorderait à un emprunteur parfaitement sûr s'appelle le *spread*. En théorie, il est justifié par le risque de défaut de l'emprunteur.

On peut dire que le crédit privé est devenu une forme de monnaie privée à cours presque forcé (en fait on ne se posait pas de questions sur sa solidité !), sur laquelle les banques privées lèvent un seigneuriage... même sur la dette publique : le *spread*. En conséquence, une part croissante de la valeur ajoutée par l'économie réelle est captée par les banques privées, réduisant ainsi, non seulement la part des salaires dans la valeur ajoutée, mais même la part du profit d'entreprise.

Au fur et à mesure de la progression de la puissance du capital financier, celui-ci tend donc à s'autonomiser de l'économie réelle, inventant des mécanismes de plus en plus complexes et abscons pour échapper à toute réglementation, mécanismes où il finira par se perdre lui-même, mais qui lui permettent, un temps, d'absorber une part considérable du revenu mondial.

La Chinamérique

La transition du fordisme au libéral-productivisme, au début des années 1980, peut bientôt s'appuyer sur deux transformations majeures dans l'économie mondiale : la généralisation de la « nouvelle industrialisation » dans le tiers monde (qui avait débuté dans les années 1970 avec les premiers « nouveaux pays industrialisés », les NPI [10]) et la chute, à la fin des années 1980, de l'empire soviétique et de son modèle. Il en résulte alors une complète réorganisation de la hiérarchie des compétitivités, de la production industrielle et des pouvoirs.

L'Allemagne et le Japon maintiennent leur position en haut de la hiérarchie en adoptant quelque variante du modèle « à implication négociée » en tant que paradigme technologique, au moins dans certaines niches. Ils deviennent plus compétitifs que les États-Unis.

Dans leur transition au modèle libéral-productiviste, les États-Unis, le Royaume-Uni et la France acceptent de voir glisser leurs industries à faible qualification, et même leurs tâches de fabrication qualifiées, vers les NPI. Du coup, leur balance commerciale devint structurellement déficitaire.

La chute de l'empire soviétique accélère l'évolution de la Chine et de l'Inde vers une forme de fordisme périphérique au

10 Voir mon livre *Mirages et miracles. Problèmes de l'industrialisation dans le tiers monde*, La Découverte, Paris, 1985. À l'époque, peu d'économistes y croyaient…

milieu d'un océan de pauvreté. La Russie ne les suit pas, et se limite à un rôle de pays exportateur d'énergie.

Alors qu'en Asie, la plupart des premiers NPI ont ajusté leurs industries d'exportation au niveau de leur dette extérieure, les pays latino-américains doivent supporter pendant les années 1980-1990 de sévères plans d'ajustement structurel. Toutefois, au début du XXIe siècle, après les crises coréenne et « tequila » (en Amérique latine), la plupart des NPI ont fini de payer leurs dettes et, depuis lors, accumulent d'immenses surplus commerciaux. Ces « pays émergents » deviennent alors les créanciers des anciennes puissances dominantes.

Ce reversement est rendu possible parce que les principaux agents économiques aux États-Unis restent durablement en déficit (les ménages à cause de la stagnation des salaires, et les administrations à cause de la croyance reaganienne dans les effets positifs de la réduction des impôts) : de ce fait, la balance commerciale nationale est également en déficit. Mais les crédits à très bas taux d'intérêt émis par la Banque fédérale (la FED) permettent le développement d'une « économie de dette » et plus tard d'une « économie casino ».

Les États-Unis peuvent se permettre cette économie de dette, à un niveau d'endettement et de déficit mensuel qui n'aurait jamais été toléré chez un pays latino-américain des années 1980, parce que les pays émergents (et notamment la Chine) n'ont pas d'alternative au dollar en tant que monnaie de réserve et équivalent général international. Seul le dollar est accepté partout, comme l'or autrefois : c'est le *Dollar Exchange Standard*. Puis, l'impossibilité, pour la Banque centrale chinoise, de revendre ses réserves en dollars (au risque d'en faire chuter la valeur) maintient le taux de change du yuan à un niveau excessivement bas, améliorant encore la compétitivité des produits chinois, mais autorisant les Américains à acheter le fruit du travail chinois à bas prix et à crédit. Cet « équilibre de la terreur » est la base de la configuration mondiale du régime libéral-productiviste. On l'appelle parfois « Chinamérique ».

2

La crise du modèle libéral-productiviste

On peut donner bien des explications internes à l'effondrement du modèle libéral-productiviste. Il était manifestement fondé sur une montagne de contradictions, déjà identifiées par les économistes classiques du XIXe siècle (dont Ricardo et Marx). Le miracle fut plutôt l'incroyable succès de la croyance superstitieuse dans la puissance autorégulatrice des marchés, alors que le modèle libéral-productiviste était précisément si semblable aux *Roaring Twenties* (les Années folles, les années 1920), ce vieux modèle libéral critiqué en 1944 par Karl Polanyi pour cette même croyance [1] et qui allait éclater dans la terrible Grande Dépression des années 1930.

En effet, les explications admises du Jeudi noir de 1929 viennent immédiatement à l'esprit lors du krach de la banque Lehman Brothers en 2008. Et, bien sûr, toutes ces explications rendaient compte de certains aspects de la réalité, puisqu'une grande crise a toujours de multiples « couches ». Mais, dans la crise actuelle, de nouveaux aspects se sont fait jour, invisibles dans toutes les crises du XXe siècle : le développement d'une crise écologique, et même de plusieurs...

Ce n'est pas absolument « nouveau ». C'était même le caractère général de toutes les crises jusqu'en 1848 ! C'est en

---

1 Karl POLANYI, *The Great Transformation*, Beacon Press, Boston, 1944 (traduction française : *La Grande Transformation*, Gallimard, Paris, 1983).

revanche nouveau pour le capitalisme développé. Si nouveau que les approches dominantes chez les économistes, mais aussi chez les marxistes, les keynésiens, et même l'approche de la régulation ont pu l'ignorer dans leurs analyses de toutes les crises postérieures à 1848...

Les explications dominantes : une grave crise financière

En tant que régime d'économie de dette, le modèle libéral-productiviste était condamné à tomber du côté de son péché le plus évident : une crise de la dette, suivie par une avalanche de faillites, et finalement un *credit crunch*, un assèchement du crédit.

La crise de la dette se développe à partir de 2007, quand les agents les plus faibles de la société américaine, les travailleurs pauvres et les couches moyennes appauvries qui ont acheté leur maison à crédit à un taux *subprime* (c'est-à-dire « pas le meilleur », doux euphémisme) s'aperçoivent qu'ils ne peuvent plus rembourser. Quand se révèle leur insolvabilité, ces ménages abandonnent leurs logements par millions : ces maisons ne valent plus rien, et les hypothèques non plus. Tout le système bancaire se retrouve alors « illiquide », autrement dit, il ne peut réaliser en monnaie ces actifs que sont les titres complexes fondés sur les hypothèques de ces logements. Or les banques se sont revendu entre elles les titres ainsi fabriqués, que les fameuses agences de notation estimaient d'ailleurs tout à fait sûrs, comme si c'était de la vraie monnaie. Par contamination, toutes les banques de par le monde (et même les assurances-vie, qu'elles ont vendues à des particuliers, ainsi que les fonds de retraite par capitalisation, qui en ont acheté) se retrouvent gorgées de ces titres « toxiques » dont on ne sait plus du tout ce qu'ils valent au juste. Elles ne sont pas forcément « insolvables » (elles possèdent ces titres et bien d'autres à leur actif), mais elles ne peuvent plus se les revendre entre elles, elles n'osent même plus se prêter entre elles, et elles recherchent désespérément de la « vraie monnaie » (des dollars, des euros), c'est-à-dire des billets validés par des banques centrales sérieuses. C'est ce qu'on appelle une « crise de liquidité ».

Et après une tentative malencontreuse de combattre l'« aléa moral [2] » en refusant de renflouer la banque Lehman Brothers (septembre 2008), les États doivent voler au secours de la planète financière tout entière. La conclusion qu'en tire le courant principal chez les économistes est simple : les marchés fonctionnent, mais certains agents sur le marché manquent à tel point de clairvoyance ou de morale qu'ils en ignorent les signaux. C'était déjà la compréhension dominante en 1929, et ce fut de 2009 à 2010 l'analyse *mainstream* (la mieux admise) de la crise présente : « On remet ça, *business as usual*, mais cette fois on fait attention où l'on met les pieds. »

Les sages (notamment les économistes keynésiens et les régulationnistes) corrigent immédiatement ces conclusions simplistes et vont plus loin : « Quand les choses vont bien, une bulle financière exubérante et autoréalisatrice se forme d'elle-même, jusqu'à ce que l'excès de crédit conduise à une inflation du prix des actifs spéculatifs (les terrains, certaines actions, et pourquoi pas les œuvres d'art), conduisant ainsi au krach, puis à une aversion pour le risque conduisant à un assèchement du crédit. Et c'est ce que nous avions annoncé ! » Dans leur jargon, ces économistes évoquent une crise dans le cycle de Minsky [3],

---

2 On appelle depuis Adam Smith « aléa moral » (ou « risque moral ») le risque qu'un agent se comporte de façon « immorale » dans une relation contractuelle, c'est-à-dire qu'il fasse courir trop de risques à ceux qui ont passé contrat avec lui, du fait justement que ce contrat dilue sa responsabilité. C'est typiquement la situation des assurés tous risques ! Or les grandes banques se considèrent « assurées tous risques », et qui plus est gratuitement, par les États, car elles sont « trop grosses pour qu'on les laisse faire faillite » : cette faillite provoquerait la faillite des braves gens ayant déposé chez elles leurs économies et même leur salaire du mois, et de proche en proche l'écroulement de tout le système. C'est exactement ce qui s'est passé quand G. W. Bush a décidé de « donner une leçon » aux banques en laissant Lehmann Brothers faire faillite.

3 Voir Hyman MINSKY, *Can « It » Happen Again ? Essays on Instability and Finance*, M.E. Sharpe, New York, 1982. On ne manqua pas en 2008 de saluer la « revanche de Minsky » : voir Michael HENNIGAN, « The credit crisis. Denial, delusion and the "defunct" American economist who foresaw the *dénouement* », texte disponible sur <http://www.finfacts.ie>.

c'est-à-dire le cycle entre une prise de risque excessive et une prudence excessive après la crise. L'analyse ne critique plus l'imprudence ou l'amoralité de certains (les banquiers), mais le fonctionnement aveugle d'un système « pousse au crime » (voir l'encadré 2 sur Kalecki, Keynes et Minsky). La solution doit être : d'abord repartir à zéro avec une annulation ou un rééchelonnement de certaines dettes, éventuellement par la faillite de certains débiteurs et créditeurs si cela ne risque pas d'entraîner des catastrophes, puis des règles prudentielles et des contrôles plus stricts (organisés jusqu'au niveau international, puisque la finance est plus que jamais internationalisée), la séparation entre banques de dépôt et banques d'affaires, et l'interdiction de se défausser des crédits accordés sur des institutions incontrôlables et incontrôlées, comme les *Credit Default Swaps* (CDS), ou de les noyer dans des produits dérivés incompréhensibles et de les revendre. Un « super-*Glass-Steagal Act*[4] », pour filer la comparaison avec les années 1930 et le *New Deal* (sur laquelle nous reviendrons plus systématiquement au chapitre 5).

Aussi bien l'analyse que la solution sont correctes. Mais tout à fait insuffisantes[5]. En effet, pourquoi les prêteurs sont-ils si voraces ? Pourquoi les emprunteurs si endettés ? Parce que les prêteurs (et notamment les fonds de pension) doivent récolter de l'argent pour leurs titulaires (les rentiers et les salariés

---

4 Réforme importante du *New Deal* de Roosevelt (en fait la toute première), qui sépara les banques de dépôt, avec leurs agences de quartier, et les banques d'affaire, libres de prendre des risques sans en faire courir à l'homme de la rue. Cette séparation fut effacée à l'aube du modèle LP.

5 Même les « pères » de l'école de la régulation ont aujourd'hui tendance à focaliser leur analyse de la crise sur les contradictions internes de la finance, et donc à rechercher son issue dans la réforme du mode de régulation de celle-ci. C'est explicitement le cas chez Michel Aglietta, dans *La Crise. Les voies de sortie*, Michalon, Paris, 2010. Dans une somme impressionnante (*Les financiers détruiront-ils la planète ?*, Economica, Paris, 2011), Robert Boyer va beaucoup plus loin en montrant comment la domination du capital financier a « déformé » toutes les autres composantes du modèle de développement, puis comment les dérèglements propres à la finance se combinent avec les autres tensions du modèle de développement : sociales, internationales... Mais tous deux ignorent l'existence d'une crise écologique, quoique, curieusement, ils n'oublient pas dans les paragraphes finaux d'accorder que la sortie de crise devra se soucier de l'environnement ! C'est aussi la démarche des « Économistes atterrés » (<atterres.org>). La lucidité de Guillaume Duval (*La France d'après*, Les Petits Matins, Paris, 2011) est plutôt l'exception.

Encadré 2. **Kalecki, Keynes et Minsky**

Le livre de l'économiste anglais John Maynard Keynes, *Théorie générale de l'emploi, de l'intérêt et de la monnaie*, paraît en 1936, au cœur de la Grande Dépression, et conforte considérablement le président Roosevelt dans la démarche du *New Deal.* Il révolutionne complètement la vision dominante du fonctionnement d'une économie capitaliste, et inspirera profondément la régulation des « Trente Glorieuses », années du fordisme, dans tous les pays développés à économie de marché.

Keynes fut d'abord celui qui, parallèlement à l'économiste marxiste polonais Michal Kalecki, donna la plus grande force à l'idée que, dans une économie marchande, il ne suffit pas que des revenus existent en face de la production. Il faut que ceux qui les détiennent aient « effectivement » envie d'acheter : de consommer, d'investir. En général, remarquait Kalecki, il n'y a aucun problème du côté des salariés ! Mais les capitalistes peuvent hésiter à investir. Et s'ils ne le font pas, alors les producteurs de biens d'équipement pour les entreprises ne peuvent vendre leur production, et les profits de tous les entrepreneurs s'en ressentent, par une réaction en chaîne. Selon Kalecki : « Les salariés dépensent ce qu'ils gagnent, et les capitalistes gagnent ce qu'ils dépensent. »

La théorie de Keynes a ensuite pour conséquence d'éviter la myopie consistant à croire que ce qui est vrai pour un entrepreneur individuel est vrai pour toute l'économie (ce qu'on appelle les « paradoxes de composition »). Si une entreprise baisse ses salaires, elle est plus concurrentielle et vendra plus ; si toutes le font en même temps, le marché s'effondre. Même remarque pour le commerce international : si tous les pays cherchent à baisser les salaires en comptant sur les exportations pour créer des emplois, le résultat global est désastreux. De même, si les salariés sont incités à « travailler plus pour gagner plus », leurs enfants restent au chômage et le revenu des familles diminue. En ce sens, Keynes a inventé la macroéconomie.

Comment, dès lors, sortir d'une dépression ? En augmentant la part, dans le revenu national, de ceux qui dépenseront certainement ce qu'ils gagnent (les salariés), en offrant des perspectives aux entrepreneurs par un programme de dépenses publiques, et en baissant les taux d'intérêt pour inciter les investisseurs à prendre plus de risques. Or la Banque centrale a justement la capacité, au moins à court terme, de fixer les taux d'intérêt *via* son taux d'escompte. Et les gouvernements peuvent pousser leurs dépenses, quitte à accepter un déficit transitoire. Ces deux décisions (monétaire et budgétaire : le *policy mix*) permettent donc de relancer l'économie. Keynes a aussi inventé la politique économique.

Bien que Keynes ait insisté sur la distinction entre sa théorie et les préceptes de politique économique qui pouvaient en découler en cas de récession ou de dépression, on a tendance à assimiler l'expression « politique keynésienne » à des pratiques stimulant la demande effective et le crédit facile. Remarquons que la demande effective publique n'implique pas forcément le déficit public : quand les capitalistes ont tendance à ne pas dépenser leurs profits, une politique d'équilibre budgétaire taxant prioritairement ces classes qui laissent leur argent oisif suffit à elle seule à relancer la demande effective. Inversement, Keynes insiste sur le fait qu'une politique monétaire laxiste ne suscite pas nécessairement un investissement réel : les bénéficiaires de ces crédits faciles peuvent les garder sous forme liquide (c'est la « trappe à liquidités », situation dominante à partir de 2009), ou pire, les investir sur des marchés spéculatifs (terrains, appartements, certaines classes d'actions à la mode comme les nouvelles technologies, stocks alimentaires...), ce qui a pour effet une inflation du prix des actifs en question, sans nécessairement susciter une croissance de l'activité : c'est ce que l'on appelle une « bulle spéculative ».

Un aspect majeur de la pensée de Keynes reste pourtant l'arme de la création monétaire comme condition permissive de la croissance de l'activité. Dès sa participation à la délégation britannique négociant le traité de

Versailles en 1919, il rechigne à imposer à l'Allemagne des dettes trop lourdes qui ne pourraient être payées qu'à condition que l'Allemagne devienne durablement un exportateur net vers le reste du monde, tout en se « serrant la ceinture » : situation très défavorable pour ses concurrents ! Il montre donc une tendance permanente à la mansuétude en matière de dette, ce qui l'induit à favoriser une pure monnaie de crédit émise par les banques centrales, prêteurs en dernier ressort. Au sortir de la Seconde Guerre mondiale, il tentera d'imposer aux négociateurs américains la mise en place d'un tel système international, où un Fonds monétaire international distribuerait à tous les pays une monnaie de crédit vaguement rattachée à l'or, le *bancor* (un peu comme on distribue des droits de tirage au début d'un système d'échanges local). Il échouera, mais le compromis adopté à Bretton Woods évitera durablement le retour d'une dépression mondiale.

Le postkeynésien Hyman Minsky se focalisera précisément sur la psychologie des investisseurs (leurs « esprits animaux », disait Keynes). Elle passe par un cycle d'euphorie et de déprime. Quand les choses vont bien, la prise de risque des prêteurs et des investisseurs permet effectivement une suractivité, qui finit par susciter certains doutes quant à la validité réelle des investissements les plus risqués. Alors, les anticipations se retournent, et les uns et les autres cherchent désespérément à retrouver la « liquidité », à réaliser leurs avoirs sous forme de monnaie. On croit de moins en moins au succès des entreprises, on restreint les crédits, ceux qui avaient pris le plus de risques font faillite, et la récession s'installe... Ainsi, comme Minsky l'explique dans *Stabilizing an Unstable Economy* (1986), la stabilité engendre l'instabilité, le capitalisme lui-même se déséquilibrant spontanément en l'absence d'une régulation politique.

retraités), et parce que les emprunteurs sont trop pauvres. Dans une économie de dette, la racine du problème n'est pas la finance, mais la mauvaise distribution des revenus (avant ou après impôt). Si le modèle libéral-productiviste a fonctionné, malgré une demande effective initialement insuffisante, c'est parce que les consommateurs pauvres ont pu obtenir des crédits faciles. Mais pas tous, pas les travailleurs pauvres des pays émergents dans le Sud de la planète : seulement les travailleurs pauvres et les classes moyennes du Nord-Ouest du monde. Nous avons donc besoin, comme dans les années 1930, d'un *New Deal*, d'une nouvelle donne entre salaires et profits, mais au niveau mondial, incluant les classes ouvrières chinoise et indienne. Un super-*Wagner Act*, et probablement aussi une super-Tennessee Valley Authority, un super-plan Marshall au niveau mondial [6] : accroître les salaires et annuler les dettes des couches populaires, lancer des programmes publics dans le domaine de l'énergie, transférer des fonds vers les pays pauvres.

Évidemment, tout cela est vrai aussi. Évidemment, la Chine, qui a des réserves infinies de demande intérieure potentielle, à cause de l'incroyable fossé entre salaire et productivité qu'elle a creusé, et qui a aussi un gouvernement omnipotent et centralisé, et qui n'a pas de contraintes financières extérieures, peut activer avec succès ce *Policy Mix*, ce cocktail superkeynésien de politiques de relance. Et pourtant... est-ce qu'un *New Deal* planétaire, la généralisation de l'*American Way of Life* à tous les êtres humains, serait écologiquement « soutenable » ? Est-il susceptible de satisfaire les besoins de la génération présente, en commençant par ceux des plus démunis, sans compromettre la capacité des générations suivantes à satisfaire les leurs ? Certainement pas, et la chose étrange est que la notion de « soutenabilité », inhérente au concept même de « régime », ne se soit imposée en économie qu'à ce moment-ci de l'Histoire !

---

6 Trois autres réformes importantes du *New Deal* de Roosevelt et de son successeur. Le *Wagner Act* est une loi qui améliore les conditions de la négociation collective. La Tennessee Valley Authority est un grand chantier public d'équipement en énergie hydraulique. Le plan Marshall est un programme d'aide aux pays européens détruits par la guerre. Tous visaient à accroître la demande effective en face de la production américaine, prête à fournir le monde entier, désormais en grandes séries.

L'émergence de la contrainte de soutenabilité

La contrainte de soutenabilité a fait son apparition dans la conscience des élites mondiales avec la Conférence des Nations unies sur l'environnement, à Stockholm, en 1972, et la publication du fameux modèle *Les Limites de la croissance* de Meadows (et autres) pour le Club de Rome [7]. Mais, à ce moment-là, les avertissements étaient encore peu précis, et centrés sur le côté « source » des problèmes écologiques : la rareté des ressources. Le choc pétrolier de 1973 souligna la dépendance du modèle fordiste à l'offre en pétrole, mais cette offre semblait limitée seulement par des raisons géostratégiques (la soudaine et fugace solidarité des États arabes face à Israël et aux Anglo-Saxons, rejointe par toute l'Organisation des pays exportateurs de pétrole, l'Opep). Rien de nouveau par rapport aux classiques guerres pour l'énergie et les matières premières : si vous contrôlez la réserve, le problème est résolu. Il n'y a plus grand monde pour croire que la crise du modèle fordiste à la fin des années 1970 a résulté du choc pétrolier, même si celui-ci y a certainement contribué.

À ses débuts, le modèle libéral-productiviste n'a pas tenu le moindre compte de quelque contrainte écologique que ce soit, pas plus d'ailleurs que les théories économiques dominantes, ni l'approche de la régulation, ni les économistes « radicaux ». Au contraire, le contre-choc pétrolier de 1985-1986 révéla une disponibilité en pétrole qui pouvait de nouveau paraître infinie. En réalité, tout le monde savait que cette ressource était limitée, mais croyait que les limites se trouvaient au-delà de l'horizon politique ou de l'horizon des affaires. On interprète même ce contre-choc comme un coup de poker du président Reagan, de la CIA et de l'Arabie saoudite pour assurer la victoire totale du modèle libéral-productiviste, en détruisant le pouvoir des pays de l'Opep et en affaiblissant l'économie soviétique exportatrice

---

7 Donella MEADOWS *et al., Limits to Growth*, Universe Books, New York, 1972.

en pétrole. Quoi qu'il en soit, la possibilité même d'un tel plan prouve qu'inonder le marché mondial avec du pétrole n'était pas un problème, durant les premières années du modèle libéral-productiviste !

Les choses commencèrent à changer avec les pluies acides, l'érosion de la couche d'ozone et avec le Sommet de la Terre (la Conférence des Nations unies sur l'environnement et le développement) à Rio, en 1992. Les problèmes écologiques y furent exposés en pleine lumière : pas seulement du côté des « sources », mais du côté des « puits » [8]. Non seulement les ressources naturelles sont rares, mais la production de déchets, en particulier les déchets nucléaires et les gaz à effet de serre (GES), apparaît comme une sérieuse menace à la soutenabilité d'une vie décente, et même de la production capitaliste sur la planète. Une limite cette fois inhérente au modèle (qui produit forcément des déchets et engendre des risques), et non aux hasards de la géologie.

À côté de la productivité du travail ou du capital (« Quel produit obtenu pour telle dépense de travail ou de capital ? »), de nouveaux concepts surgissent chez les économistes, tels que l'« efficacité-énergie » ou l'« efficacité-carbone » (« Quel produit obtenu, au prix de telle dépense en énergie et de telle émission de gaz carbonique ? »). Et, à côté de la contradiction capital/travail [9], la « seconde contradiction du capitalisme » est redécouverte : le rapport capital/nature [10]. Et celle-ci laisse peu d'espoir du côté de la « croissance ».

La contradiction capital-travail peut se résoudre, au moins temporairement, dans la croissance de la productivité : si les salariés produisent de plus en plus par unité de temps, le capital peut se conserver une part constante, voire croissante, pour ses

8 Dans la théorie des graphes, utilisée couramment pour cette branche de l'écologie générale, on appelle « puits » les points où aboutissent, se fixent ou disparaissent des flux issus des « sources ».

9 Depuis Héraclite, on appelle « contradiction » une tension qui à la fois unit et oppose ses deux pôles, « comme celle de l'arc ou de la lyre ».

10 James O'Connor, *Natural Causes. Essays in Ecological Marxism*, Guilford Press, New York, 1997.

profits, tout en accordant aux salariés une croissance de leur pouvoir d'achat. C'est la base matérielle pour une forme de paix sociale. Or le simple fait de travailler à une plus grande échelle accroît la productivité du travail, ne serait-ce que parce que cela permet de parcelliser davantage le travail, ou de répartir le temps d'apprentissage sur un plus long temps de travail routinier. Plus on produit, mieux on produit : c'est le point de départ de l'idéologie productiviste [11].

Il n'y a guère d'espoir que de telles formes de rendements croissants résolvent la contradiction capital-nature, en assurant une croissance automatique de l'efficacité de l'énergie avec la croissance économique ! Aucune loi physique ne laisse entendre que plus on fera rouler de trains, moins chacun consommera d'électricité. Au contraire, toute l'affaire apparaît comme une revanche des théories des crises chez Malthus et Ricardo, au début du XIXe siècle : une réduction de la profitabilité pour les « fermiers » capitalistes, due aux rendements décroissants des ressources naturelles, au fur et à mesure que l'on met en culture de plus mauvaises terres, et aux coûts croissants du transport, de la gestion des risques et des déchets, au fur et à mesure que l'on met en culture des terres plus lointaines. La différence avec la théorie ricardienne de la baisse tendancielle du taux de profit par hausse de la rente foncière, c'est que la pesée croissante du capital sur la terre (on dit aujourd'hui : la croissance de son empreinte écologique) était gratuite pour le capital... du moins jusqu'à maintenant, parce qu'il n'y avait pas de propriétaire des biens communs

11 Cette loi, perçue dès l'origine par Adam Smith qui donnait l'exemple des fabriques d'épingles, a été confirmée empiriquement (loi de Kaldor-Verdoon). Selon que l'on produit en grande série le même produit, avec hyperspécialisation des ouvriers, ou que l'on produit dans le même atelier une grande variété de produits similaires, avec apprentissage de plus en plus rapide par les salariés, on parle d'économies d'échelle ou de variété. La productivité étant donc dès l'origine perçue comme liée au volume de la production donc des ventes, la « question des débouchés » surgit dès l'origine du capitalisme, et trouve sa solution dans le commerce à longue distance et le colonialisme au temps de Smith, puis dans la « colonisation de la vie quotidienne » depuis la Seconde Guerre mondiale et le modèle fordiste.

mondiaux comme l'atmosphère, et parce que l'incertitude radicale [12] sur le coût des dommages nucléaires était implicitement couverte par les États, sans cotisation d'assurance imposée au capital. Donc le capital avait l'impression de pouvoir piller la planète ou la mettre en danger sans rien débourser : comme on dit techniquement, il ne percevait pas de « signal prix » sur le coût social et, à terme, privé (pour les entrepreneurs) de ce pillage.

Mais, une fois ces coûts « infligés à la nature » explicités (par les crises que nous invoquons ici), peut-on imaginer un sentier de progrès technique, incorporé dans les investissements et les nouvelles techniques de travail, qui pourrait les réduire ? C'est-à-dire des techniques moins agressives sur l'environnement ? Dans ce cas, nul doute que le coût de tels investissements « verts », lui, décroîtra avec la généralisation des techniques économes pour l'environnement. Par exemple, le coût des panneaux solaires photovoltaïques est divisé par deux tous les cinq ans. C'est moins rapide que la croissance de la mémoire des ordinateurs, mais c'est un des rythmes d'évolution technologique les plus rapides, au début du XXIe siècle.

Nouveau champ de recherche pour les approches de la régulation : que pourrait être un régime d'accumulation écologiquement soutenable ? Que pourrait être le mode de régulation d'un tel modèle ? Y a-t-il un paradigme technologique accroissant l'« efficacité de l'énergie (et des GES émis) » à un rythme élevé ? Ou du moins supérieur au taux de croissance du produit intérieur brut (PIB) [13] ?

Après 1992, le débat s'est dispersé entre de nombreux participants. Les ingénieurs et scientifiques se sont attaqués

---

12 On oppose, en particulier dans le domaine des assurances, le « risque » (dommages et probabilités quantifiables, permettant de fixer une cotisation) et l'« incertitude radicale » (quand on ignore absolument *et* les dommages possibles *et* leur fréquence).

13 C'est la valeur ajoutée dans l'année, à l'intérieur d'une zone (nation, Union européenne, région...), par le travail marchand ou salarié (dans le cas des fonctionnaires, on l'évalue simplement par leurs salaires). Il est « brut » quand on ne se préoccupe pas de l'usure du matériel. Ce concept est critiqué en ce qu'il ne se préoccupe pas de l'utilité réelle de ce qui est produit : ce n'est pas un indicateur de richesse, mais d'activité marchande ou salariée.

directement au problème de l'efficacité de l'énergie et du coût des énergies renouvelables, les économistes écologistes ont bâti des modèles de régulation (écotaxes, marchés de permis...), les militants ont insisté sur le fait que l'énergie la plus sûre est celle qu'on ne consomme ni ne produit. Mais peu d'entre eux se sont confrontés au problème de la cohérence du « modèle alternatif ». Il n'y avait pas d'urgence : les élites mondiales avaient vite oublié les avertissements de Rio, et le modèle néolibéral se développait de plus en plus nettement comme un modèle « libéral-productiviste ».

Pourtant, de graves tempêtes dans l'Europe du Nord-Ouest commencèrent à préoccuper le secteur des assurances [14]. Le changement climatique n'était plus une « menace pour les générations futures », mais un problème immédiat pour ce secteur professionnel. D'où le succès des conférences de Berlin (1995) et de Kyoto (1997) contre le changement climatique.

Malheureusement, le libéralisme progressait encore plus rapidement que la conscience de cette menace climatique. Alors qu'un changement dans le modèle de développement aurait impliqué une énorme mobilisation politique au niveau mondial, la création de l'Organisation mondiale du commerce, avec ses dogmes libre-échangistes, réduisait encore la capacité d'action des pouvoirs politiques. La Conférence des Nations unies « Rio + 10 » de Johannesburg, en 2002, se conclut par un « match nul » entre les dogmes libéraux et les proclamations écologistes : dès lors, la crise écologique mondiale avait une autoroute ouverte devant elle.

14 Les assurances posent, dans le domaine économique, les mêmes questions que les militants et législateurs écologistes dans le domaine politique : combien faut-il payer aujourd'hui pour éviter de très graves ennuis demain ? Et, pour les uns comme pour les autres, « l'assurance n'est chère qu'avant l'accident ».

L'éclatement des crises écologiques

Vers 2007, la croissance « rugissante » des pays émergents rencontra les limites des capacités courantes de production pétrolière. Le prix du pétrole, qui avait commencé à monter depuis 2002, s'envola vers un pic sans précédent. Nous ne discutons pas ici la question de savoir si la production avait atteint ou non une limite absolue (ce qu'on appelle le « pic de Hubbert ») : de toute façon, il y avait une flambée de la demande, manifestement structurelle, qu'il y ait encore ou non une possibilité, plus ou moins limitée, de croissance de la production pétrolière. Les problèmes du côté des sources d'énergie et du côté des puits de carbone avaient fusionné dans une crise « énergie-climat ».

Mais cette question n'est qu'un des angles d'un « triangle des risques énergétiques » plus général. À un sommet du triangle, du côté des énergies fossiles (charbon-pétrole-gaz) : les risques de l'effet de serre et de l'épuisement des ressources. Si l'on se tourne vers le nucléaire : le risque d'accidents, l'insoluble problème des déchets et le risque de la prolifération vers le nucléaire militaire ou l'usage terroriste des déchets. Enfin, si l'on regarde vers la production de biomasse [15] : le risque de conflits sur l'usage des sols. Ce qui aggrave encore un second nœud de crises écologiques, peut-être le plus ancien du monde mais qui ressurgit à ce même moment historique : le nœud alimentaire.

Car, au début du XXIe siècle, une crise de l'alimentation se joignit au problème énergie-climat. Bien sûr, la faim n'avait pas été éliminée dans le tiers monde, même pendant la période la plus « rooseveltienne » du fordisme (sous J. F. Kennedy et L. B. Johnson), et encore moins dans le modèle libéral-productiviste. L'imposition des lois du marché aux pays du tiers

---

15 C'est la masse de matière végétale ou animale, résultant de l'activité biologique en présence de lumière, de carbone, d'oxygène, d'eau et d'azote. Il s'agit donc de la manière la plus naturelle (après le séchage au soleil) de capter l'énergie solaire, domestiquée par *Homo erectus* sous forme de feux de bois il y a plus de 700 000 ans.

monde (qui avaient d'abord tenté de copier la très robuste régulation de l'agriculture américaine, mise en œuvre par Roosevelt) leur avait au contraire interdit tout espoir d'indépendance alimentaire : ils devaient s'adresser au marché mondial des produits agricoles. Or la nouveauté, au milieu des années 2000, c'est l'explosion des prix alimentaires sur le marché mondial.

Cette explosion était d'abord le résultat de la demande croissante des pays émergents. La croissance de la classe moyenne dans ces pays a entraîné l'adoption d'un régime alimentaire « occidental », donc carné. Et la production de protéines animales sous forme de viande nécessite dix fois plus d'espace que celle des protéines végétales traditionnelles. Aussi, le « décollage » de gros NPI, comme la Chine et l'Inde, accroissait de manière décisive la pression sur les terres cultivables. Or, au même moment, on assistait aux premiers effets du changement climatique. *Directement* : plusieurs années de sécheresse persistante avaient compromis les livraisons de l'un des traditionnels greniers à grains de la planète, l'Australie. Et *indirectement* : la réponse même du productivisme à la crise énergie-climat, c'est-à-dire le développement des agro-carburants, aggravait le problème alimentaire. Ce nœud est désigné par les Anglo-Saxons comme le « dilemme FFFF des priorités sur l'usage des sols » : *Food* (la nourriture pour les humains), *Feed* (la nourriture pour le bétail), *Fuel* (la nourriture pour les machines) ou *Forest* (plus largement que les forêts, les réserves de biodiversité et de puits de carbone).

Le résultat macroéconomique du resserrement du nœud FFFF fut l'envolée des prix alimentaires, qui se combinait à l'envolée du prix de l'énergie. Une tragédie pour les pays les moins avancés, qui avaient été contraints par la Banque mondiale et le FMI d'abandonner leurs récoltes vivrières traditionnelles au profit des cultures de rente. Une vague d'émeutes de la faim balaya le tiers monde en 2007. Mais cela voulait dire aussi une croissance des postes « alimentation » et « énergie » dans le coût de la vie des pays du Nord-Ouest. Et, plus pernicieux : le report de la consommation vers une nourriture de moins en moins saine parce que produite industriellement, trop salée, trop sucrée, trop grasse, trop imbibée de résidus chimiques. Avec à la clef une crise sanitaire, même dans les pays riches : notamment une nette augmentation des cas d'obésité, de diabète et de cancers.

Cette hausse du prix des biens de base (y compris le logement, par des mécanismes plus complexes encore [16]) fut masquée dans l'indice général des prix des pays riches, parce qu'elle était compensée par la baisse du prix des biens manufacturés avec leur délocalisation vers l'Asie. Mais, pour les classes populaires du monde entier, il est un fait que « tout augmente » (c'est-à-dire toutes les dépenses incompressibles) à partir des premières années 2000. Ce sont aussi les années de la naissance de l'euro, d'où l'impression que « l'euro fait augmenter les prix ». Il n'en est rien : « Tout augmente » aussi en dollars, en livres sterling, etc. C'est l'expression de la double crise écologique.

Les ménages pauvres endettés *subprime* aux États-Unis durent choisir : payer pour la nourriture, pour le carburant de la voiture, ou pour rembourser leur logement. Et, en 2007-2008, ils abandonnèrent aux banques leurs maisons hypothéquées, déprimant profondément le marché du logement – tout en ruinant les banques et les industries qui dépendaient de la demande des ménages !

---

16 Je ne développerai pas, dans ce petit livre, une analyse de la crise du logement dans la crise actuelle, tant les enchaînements varient d'un pays à l'autre en fonction des montages institutionnels. La grande crise du XXIe siècle commence en 2007 comme une crise mondiale de la faim, puis se déploie comme une crise du logement dans l'hyperpuissance américaine : la crise des *subprime* qui, elle, fait exploser la finance mondiale. Il est clair cependant que ce système des *subprime* comme financement de logements sociaux est tout à fait particulier aux États-Unis ! J'ai traité de la question du logement dans le modèle LP, dans un chapitre de *La Société en Sablier* (*op. cit.*). Son caractère général, mais plus particulièrement français, réside dans la contradiction entre la précarisation du revenu salarié et le caractère durable de ce bien privatif, extrêmement lourd à financer. Par ailleurs, j'ai corrigé ma position sur un point important (voir chapitre suivant) : les politiques monétaires accommodantes, avec très faibles taux d'intérêt, pratiquées dans les années 2000, loin de contribuer à résoudre la crise du logement pour les petits revenus, l'ont aggravée en provoquant des bulles immobilières.

Pour la première fois dans l'histoire du capitalisme depuis 1848, de mauvaises récoltes déclenchaient une « crise d'Ancien Régime » à la Braudel-Larousse. Mais, cette fois-ci, les mauvaises récoltes ne tombaient pas du ciel, mais des réformes libérales du capitalisme agraire dans les décennies précédentes, et du modèle capitaliste de développement lui-même, dans l'industrie et l'urbanisme.

Le renversement du monde et le grand retour de la Chine

Les modèles de développement et leurs crises ne sont qu'une manière de lire l'histoire économique mondiale et l'Histoire tout court. Nourrissant des liens de sympathie, quoique relâchés, avec l'approche de la régulation, une école d'histoire politico-économique s'est développée autour de l'héritage de Fernand Braudel, au centre du même nom de l'université de l'État de New York, à Binghamton. La figure la plus connue en est Immanuel Wallerstein. Cette école a développé l'idée selon laquelle les États structurent le monde en imposant autour d'eux un réseau de relations économiques et financières : une économie-monde. On peut considérer cette approche comme le dual de l'approche de la régulation. Au lieu de considérer des formations économiques et sociales nationales réglées par des modèles de développement, dont une des composantes est la configuration internationale, c'est au contraire la configuration internationale, définie par les principales économies-monde en rivalité, qui est mise en avant. Les caractéristiques internes des États (leurs modèles de développement) sont alors vues davantage comme une composante de la description de l'économie-monde considérée.

Du point de vue de la dynamique historique, ce ne sont plus des groupes sociaux qui émergent dans les pores d'un modèle de développement, prennent le pouvoir et imposent un modèle de développement plus proche de leurs intérêts stratégiques (comme dans le marxisme classique et comme dans l'approche de la régulation), mais plutôt les États qui deviennent des sujets et imposent de nouvelles règles économiques mondiales conformes à leurs intérêts d'État. En somme, deux façons de raconter l'Histoire.

Si nous nous intéressons à la crise actuelle, c'est évidemment l'émergence de la Chine (et de l'Inde) comme superpuissance rivale des États-Unis et de l'Europe qui saute aux yeux, et en effraie plus d'un. Ce n'est pas nouveau : ni cette correspondance entre grande crise et renversement de la hiérarchie des États ni le fait que la Chine se retrouve tout en haut de l'échelle [17] !

La Chine est, depuis la révolution néolithique, il y a 10 000 ans, l'un des centres les plus développés de l'histoire humaine. Et, dès la mise en interaction des différents centres de l'Ancien monde, avec l'ouverture de la Route de la soie et la conquête économique du sud du sous-continent asiatique, au IIe siècle av. J.-C. sous la dynastie des Han, elle devient le centre manufacturier du monde. Certes, les métaux tels que l'or, l'étain et le cuivre ont circulé dès le IIIe millénaire av. J.-C. sur de très longues distances, et ces métaux étaient payés par une circulation inverse d'objets manufacturés (armes, bijoux, vases), sur des routes allant des Îles britanniques à l'Égypte, de la Galice à la Scandinavie et aux contreforts des monts Célestes. Des monnaies d'Alexandre le Grand se retrouvent au Vietnam. Mais l'irruption de la soie, produit manufacturé dont la Chine gardera longtemps le monopole technique, par un réseau de transport permanent et d'entretien coûteux, matérialise pour la première fois l'existence des rapports hiérarchiques entre une civilisation avancée et les autres. Toutefois, ces rapports restent trop marginaux, et l'« Empire du milieu » trop éloigné de

17 Voir l'ouvrage remarquable de Giovanni Arrighi, du Centre Fernand-Braudel, *Adam Smith in Beijing*, Verso, Londres, 2007 (traduction française : *Adam Smith à Pékin*, Max Milo, 2009). Ma préface à l'édition française, « La seconde bifurcation asiatique et l'avenir de la crise » (disponible sur <http://lipietz.net>) est l'occasion de présenter les liens entre l'école de économies-monde et l'approche de la régulation.

l'Empire romain et même de l'Empire perse pour que la supériorité chinoise s'y fasse concrètement sentir. Au contraire, vers le VIIIe siècle, la puissance économique de la dynastie des Tang (qui militairement atteint la mer Caspienne avant d'être refoulée à la bataille de Talas par une coalition d'Arabes, de Turcs et de Persans) s'exerce bel et bien sur toute l'Asie du Sud et l'Asie centrale. Enfin, la dynastie des Song (contemporaine du Moyen Âge gothique) met au point les grandes inventions qui ne seront maîtrisées en Europe qu'à la Renaissance : papier, imprimerie, poudre à canon, boussole, gouvernail d'étambot...

Même alors, et pour encore trois siècles, l'Europe ne saura payer les importations manufacturées en Chine que par des métaux précieux d'Afrique ou des Amériques. Lorsque, utilisant les inventions chinoises, les caravelles portugaises s'avanceront dans l'océan Indien, elles n'y croiseront pas les navires chinois chargeant cinq fois plus qu'elles, mais qui passent le relais aux marchands arabes dans les escales indiennes. L'Inde elle-même devient sous l'Empire moghol un grand centre tout aussi industrieux, exportateur de cotonnades et d'acier. Mais, aujourd'hui encore, on dit « chiner » pour la recherche, chez les antiquaires, de la vaisselle de porcelaine et autres biens d'équipement d'époque Renaissance ou des Temps modernes. En 2300, on continuera de « chiner » chez les antiquaires notre matériel informatique, qui sera d'ici là devenu furieusement kitsch. L'effacement de la puissance chinoise est un phénomène extrêmement bref (et d'ailleurs récurrent) de l'histoire humaine : entre les premières années du XIXe siècle [18] et le « réveil » conduit par le Parti communiste chinois, sous la direction du président Mao Zédong à partir de 1949.

---

18 En tout cas après Adam Smith, qui place les deltas chinois du Yang-Tsé (Shanghaï) et de la rivière des Perles (Canton) au même niveau de développement économique que les Pays-Bas, l'économie-monde dominant l'Occident à son époque avant d'être détrônée par l'Angleterre. Voir une analyse des causes de la « bifurcation » Chine/Europe à partir de la suprématie totale de la Chine, au début de la dynastie mandchoue (fin du XVIIe siècle) chez Giovanni ARRIGHI (*Adam Smith à Pékin, op. cit.*).

Or, dès 1980, ce parti communiste, dorénavant sous la direction du rival de Mao, Deng Xiaoping, déclenche de lui-même une libéralisation de l'économie chinoise. Des auteurs comme Giovanni Arrighi ou Carl Ruskin [19] insistent sur le lien profond entre la capacité d'initiative dont font alors preuve des dirigeants des unités économiques chinoises (dirigeants d'entreprise et de localité), mais aussi leurs travailleurs, et l'« acquis » de la forme très particulière de la révolution communiste chinoise. Giovanni Arrighi va jusqu'à reconnaître dans la tradition « industrieuse » (intensive en travail, parcimonieuse en énergie et ressources naturelles) de la Chine, qui lui a fait rater la révolution de la grande industrie au siècle précédent, la cause de sa suprématie nouvelle. Partie d'un extrêmement faible niveau de relations marchandes et d'une profonde pauvreté matérielle, la Chine se trouve presque d'un seul coup placée en situation de concourir dans la course à la recomposition du monde, sous le modèle libéral-productiviste.

Il lui suffira de trente ans pour se hisser tout à fait au sommet de la hiérarchie. C'est la vitesse de cette ascension qui stupéfie, même si, nous venons de le voir, il s'agit plutôt d'un retour à la normale. Dans l'histoire des économies-monde, le mouvement était jusqu'ici plus lent. Ainsi, le libéralisme classique avait commencé avec la révolution industrielle par l'émergence de l'Angleterre et de la Belgique (les deux plus grandes puissances industrielles en 1840), mais toutes les deux héritaient d'une suprématie commerciale et manufacturière conquise au XVIIIe siècle par l'Angleterre et la Hollande (et bien plus tôt encore pour le port d'Anvers). On peut lire la fin de cette période du libéralisme classique (avec les deux guerres mondiales) comme une « guerre de succession de l'Angleterre » entre deux rivaux, l'Allemagne et les États-Unis. L'hégémonie du fordisme comme modèle de développement matérialise

---

19 Giovanni Arrighi, *ibid* ; Carl Riskin, *China's Political Economy : The Quest for Development Since 1949*, Oxford University Press, New York/Oxford, 1987.

jusque dans son nom la concomitance avec l'hégémonie des États-Unis [20].

La crise du fordisme n'est pas seulement une crise de ses méthodes de production, mais aussi une crise de l'hégémonie des États-Unis après leur défaite au Vietnam, rattrapés qu'ils sont par l'Allemagne et le Japon, qui mettent déjà en œuvre de nouvelles formes d'organisation du travail fondées sur la mobilisation des qualifications et du savoir-faire des travailleurs. Cependant, ce phénomène est masqué par le succès après 1980 d'une forme plus oppressive d'organisation taylorienne du travail, et par la financiarisation de l'économie mondiale. Les États-Unis sont en mesure de délocaliser les fonctions de production banalisées et contrôlées à distance par les laboratoires américains dans les nouveaux pays industrialisés d'Asie de l'Est (les quatre Tigres : Corée, Taïwan, Singapour et Hong-kong). Mais ces quatre Tigres sont eux-mêmes en relations étroites avec l'économie-monde centrée sur Tokyo et participent activement au développement des régions côtières de la Chine post-maoïste.

Ces quatre NPI d'Asie, comme les pays phares de la deuxième vague d'industrialisation qui va suivre (Philippines, Thaïlande...), restent cependant de petits pays, au marché intérieur limité ; ils sont donc très orientés vers l'exportation. Leur tentative de se réorienter vers leur marché intérieur est d'ailleurs brutalement interrompue par le « trou d'air asiatique » de 1998 qui amène les anciens et nouveaux dragons à se recentrer vers l'exportation, tandis que le Japon, condamné par sa suprématie même à une surévaluation non maîtrisée de sa monnaie, handicapé par son déclin démographique, s'assoupit progressivement (mais à un très haut niveau). Les États-Unis font encore bonne figure après l'effondrement de l'« autre super-puissance », l'Union soviétique. En réalité, il s'agit d'une « domination sans

20 Le philosophe marxiste Gramsci avait dès les années 1920 souligné le lien entre fordisme et américanisme. Voir Antonio Gramsci, *Quaderno 22, Americanismo e fordismo*, Editori Riuniti, Turin, 1975.

hégémonie », selon les termes d'Arrighi. Domination principalement militaire dont la fragilité sera soulignée par leurs échecs dans la « guerre contre le terrorisme », en Irak et en Afghanistan [21]. L'Europe, bien partie en 1980 pour succéder à l'hégémonie américaine, grâce à une hiérarchie de modèles de développement bien ordonnée à partir d'un centre : le capitalisme rhénan et alpin [22], se noie dans le modèle libéral-productiviste par une série de traités (Acte unique, Maastricht, Amsterdam, Nice, échec du TCE) qui l'unifient progressivement au plan économique sans l'unifier politiquement. L'Amérique latine subit le même insuccès que l'Europe dans ses velléités d'unification politique [23].

La Chine au contraire bénéficie à plein d'une combinaison possible de tous les modèles à la fois. Elle exporte comme un NPI des années 1970-1980 en s'appuyant sur le bas coût de sa main-d'œuvre. Elle développe un gigantesque marché intérieur grâce à l'enrichissement de ses classes moyennes. Elle planifie, grâce à son État unitaire, les énormes infrastructures nécessaires. Elle peut même conserver, au fond de ses provinces intérieures, des villes entières se modernisant selon le modèle maoïste des communes populaires, avec une solidarité régionale entre des entreprises desservant un marché local. La vitesse fantastique de ce développement rend caducs tous les autres modèles de développement du tiers monde, soit tirés par le marché intérieur, comme l'Amérique latine des années 1935 à 1975, soit, comme les NPI, par l'exportation. Elle remet au goût

---

21 À mon avis, ce déclin caché était déjà patent lors de leur engagement dans la première guerre du Golfe, où les États-Unis se sont comportés en *condottieri* des puissances commerciales dominantes, l'Europe et le Japon. Voir mon livre *Berlin, Bagdad, Rio. Le XXIe siècle est commencé*, Quai Voltaire, Paris, 1992 (texte disponible sur <http://lipietz.net>).

22 Alain Lipietz, « Economic restructuring : the new global hierarchy » dans P. James, W. F. Veit, S. Wright (dir.), *Work of the Future. Global Perspectives*, Allen & Unwin, Sydney, 1997 (disponible sur <http://lipietz.net>).

23 Lors de la conférence de l'OMC à Hong Kong (2005), ultime tentative pour organiser le commerce mondial selon les règles du multilatéralisme, avant le grand retour de la doctrine et de la réalité des « zones d'influence » (voir mon analyse ici : « OMC à Hong-Kong », <http://lipietz.net>), un expert chinois me dira : « Nous ne parlons plus de l'Europe et de l'Amérique latine, mais de l'Allemagne et du Brésil. »

du jour la combinaison « marché intérieur et compétitivité externe » qui avait fait la fortune de la première économie-monde capitaliste occidentale, la Grande-Bretagne du XIXe siècle.

Mais de ce fait, la Chine, qui peut pratiquer le mépris le plus complet de la santé de ses propres habitants, est la plus terrible illustration de la crise écologique inhérente au libéral-productivisme. Comme le remarque Giovanni Arrighi, la révolution industrielle n'a été possible au XIXe siècle que parce que la Grande-Bretagne était toute petite. Son empreinte écologique sur les richesses minières et agricoles du monde était négligeable, et seule la généralisation de ce modèle d'industrialisation à toute l'Europe et aux États-Unis a commencé à poser problème dans la seconde moitié du XXe siècle. Mais que se serait-il passé si la Chine ou l'Inde s'étaient lancées dès le début du XIXe siècle dans une révolution industrielle à l'anglaise ? Le Mahatma Gandhi répondait : « Puisse Dieu empêcher l'Inde de ne jamais s'industrialiser à la manière de l'Occident. Le matérialisme économique d'une île minuscule [l'Angleterre] maintient aujourd'hui le monde dans les fers. Si toute une nation de 300 millions d'habitants [la population de l'Inde ou de la Chine à l'époque de Gandhi] se mettait à exercer une exploitation économique du même type, elle dévasterait le monde comme un nuage de sauterelles [24]. »

Nous y sommes. Tandis que l'empire américain brûlait ses derniers feux dans des expéditions militaires aussi coûteuses et sophistiquées que vaines (les deux guerres du Golfe, l'invasion de l'Afghanistan) et perdait au profit de la Chine la guerre contre le terrorisme, la Chine et l'Inde, extrêmement tard venues au banquet du monde, se jetaient à la conquête pacifique des dernières mines de l'Amérique latine, des dernières terres arables de l'Afrique. Leur expansion à elles deux (qui représentent le tiers de la population mondiale) est largement responsable de la double crise écologique mondiale, alimentaire

24 Cité par Giovanni Arrighi dans *Adam Smith à Pékin*, *op. cit.*

et énergie-climat, et elles en sont les principales victimes. Aujourd'hui, la Chine est non seulement le plus grand producteur de gaz à effet de serre de la planète, mais, sur les vingt villes les plus polluées du monde, on compte seize villes chinoises. Si l'on se souvient que, tout au long de son histoire, y compris sous Mao Zédong, la Chine n'a jamais pu empêcher les famines de faucher ses habitants par millions, la Chine moderne risque d'être, dans les décennies qui viennent, l'exemple paroxystique de l'auto-étouffement écologique d'un modèle de développement productiviste, « dévorant le monde comme un nuage de sauterelles ». Souhaitons qu'elle soit plutôt le modèle archétypal d'une révolution écologiste réussie.

L'état où nous en sommes (début 2012)

La première réaction à la crise des *subprime*, fin 2008, est relativement saine. Tous les gouvernements se révèlent alors brutalement keynésiens. Ils renflouent les banques pour éviter un effondrement de la monnaie et pour sauver les déposants qui avaient en banque la totalité, non seulement de leurs économies, mais de l'argent du mois. Ils s'engagent dans des programmes de « relance » en proclamant qu'ils doivent avoir un contenu « vert ». Mais, à part peut-être le nouveau président Obama (qui ne dispose pas d'une majorité parlementaire, même pour lutter contre l'effet de serre), aucun ne dispose d'un « logiciel » (intellectuel ou institutionnel) adapté à cette crise. Les socio-démocrates Gordon Brown et José-Luis Zapatero sont déjà usés avant même la nouvelle épreuve, et les plus fraîchement élus (Angela Merkel et Nicolas Sarkozy) sont profondément libéraux et productivistes, et réduisent le keynésianisme à une phase transitoire de grands travaux avant retour à l'équilibre budgétaire et au libéralisme classique : cadeaux fiscaux au patronat et aux classes moyennes supérieures. Le cas le plus tragique est celui du social-démocrate grec Giorgos Papandreou, arrivé au pouvoir le 6 octobre 2009, pour constater onze jours plus tard que son prédécesseur de droite a laissé une ardoise de 12,6 % du PIB (en fait plus de 15 %) et un endettement cumulé monstrueux. Ce qui déclenchera la seconde phase de la crise.

À ce moment-là, un an de renflouement du système bancaire privé par les États et d'injection de dépenses budgétaires pour soutenir l'activité a provoqué une pâle reprise dans les vieux pays capitalistes, tandis que les pays émergents poursuivent leur expansion rugissante[25]. La crise semble terminée (du moins pour les banquiers !), les promesses initiales de « moraliser le capitalisme », bien oubliées, la rapacité des financiers est intacte, les bonus des traders encore gonflés par le sentiment que ça ne durera pas toujours. Comme dans les premières années 1930, les dirigeants prétendent désormais répondre à la crise du libéralisme par un surcroît de libéralisme. Pire, la conférence de Copenhague sur le climat (décembre 2009), préparée avec enthousiasme par les militants écologistes de toute la planète ainsi que par les tenants des nouvelles industries, confiants dans les promesses d'un grand tournant dans le modèle de développement, s'achève sur un échec retentissant. L'Union européenne, jusque-là leader, abandonne toute ambition sur le signal des deux plus puissants chefs d'État et de gouvernement, Angela Merkel et Nicolas Sarkozy, peu soucieux d'affronter les foudres de la vieille industrie européenne liée au charbon et au pétrole. Et la « Chinamérique » enferme la négociation dans sa politique de blocage réciproque, sur laquelle nous reviendrons.

Les mêmes problèmes de fond réapparaissent dès 2010. À la différence de la période 2006-2008, la dette privée a été transformée, fin 2008, en dette « souveraine », c'est-à-dire des

25 C'était également le cas en Amérique latine dans les années 1930 : les pays émergents ont toujours la possibilité, lors d'une crise de « sous-consommation » dans les marchés centraux, de substituer le développement du marché intérieur aux exportations. Cette fois, cependant, il est probable que la Chine et le Brésil se heurteront très vite à la barrière écologique.

États[26]. Et immédiatement, les banques commencent à mordre les mains qui les ont renflouées.

La « crise grecque », début 2010, fait apparaître, derrière la « crise de liquidité » (provisoirement résolue), la crise de solvabilité : les crédits engagés dans le modèle de développement caduc ne seront jamais tous remboursés. Elle révèle par ailleurs l'inachèvement politique de l'Europe[27]. La crise grecque aurait pu être gérée aisément dans un cadre fédéral européen, mais en 2005 l'Europe a rejeté un premier pas (pourtant timide) vers le fédéralisme et s'est enfermée dans une gouvernance intergouvernementale, placée de fait sous la direction du gouvernement le plus puissant, celui de l'Allemagne. Or, pour diverses raisons, ce gouvernement ne souhaite pas que l'Europe assume les dettes grecques. Ce qui va entraîner l'Europe dans une crise de plus en plus profonde, jusqu'à faire éclater l'aberration de son unification commerciale, financière et monétaire, sans fédéralisme politique et budgétaire.

Et rien n'a été fait non plus, ni du côté de la régulation financière, ni du côté de la répartition des revenus, ni du côté des crises écologiques. Les travailleurs pauvres, les chômeurs et les retraités sont simplement encore un peu plus pauvres, les riches ont perdu une partie de leurs actifs fictifs, mais ont recouvré leurs revenus... et leur mode de consommation d'avant la crise. D'où la permanence de la crise écologique, aggravée par l'échec de la conférence sur le climat de Copenhague.

---

26 Insistons cependant sur le fait que la dynamique du modèle LP avait déjà largement endetté les États, soit par la « concurrence fiscale » entre les États, qui les amenait à réduire l'imposition du capital et des hauts revenus, soit directement par idéologie anti-impôts. Cependant, les cas sont trop variables d'un pays à l'autre pour que l'on en dresse ici une typologie. Sur les origines de l'endettement de l'État français, voir Hervé MOREL, *La France surendettée ?*, Les Petits Matins, Paris, 2011.

27 Sur l'échec de la construction politique européenne, voir « Les tribulations de l'Europe politique », *Politique*, n° 51, 2007, et sur les premiers développements de la crise grecque, de janvier à mai 2010, voir mon intervention, « Face à la crise : la société civile, l'État, l'Europe », *12e Dialogue franco-allemand ASKO*, Otzenhausen, 2010. Ces deux textes sont disponibles en ligne (<http://lipietz.net>).

Mêmes causes, mêmes effets. Un deuxième et un troisième grenier à grains (l'Ukraine et la Russie) partent en fumée à l'été 2010, suite à une sécheresse et une vague de chaleur sans précédent. Et, immédiatement, une nouvelle vague d'émeutes de la faim se déclenche (au Mozambique). Mais cette fois, comme en 1848, les tensions sur le prix de la nourriture entraînent des conséquences plus intéressantes : les révolutions démocratiques arabes.

Il n'y aura pas d'issue à cette grande crise sans un changement du modèle tout entier et en particulier sans un tournant décisif dans le partage du revenu mondial et dans la solution des crises alimentaires et énergie-climat. Les rapports du Giec et de Lord Stern ont fixé la fenêtre étroite pour l'action : entre 2010 et 2020 [28]. Et, tandis que la résistance des paysans et des militants écologistes réduit les ambitions des agrocarburants, le triple accident de Fukushima, le 11 mars 2011, s'ajoutant à l'impossibilité de plus en plus manifeste de limiter l'énergie nucléaire à ses usages civils, en Corée du Nord comme en Iran, réduit à néant l'illusion de résoudre les problèmes climatiques en accroissant les risques nucléaires.

Malheureusement, durant ces premières années de la crise, les couches superficielles (la crise financière) évincent rapidement l'intérêt pour ces défis plus profonds. Une fois basculée des mains privées aux mains publiques, la crise de la solvabilité apparaît plus clairement derrière la crise de liquidités, et l'endettement des États se manifeste comme « le » problème. Non seulement la Grèce, mais toute l'Europe périphérique (Europe de l'Est, Portugal, Irlande) et même toutes les économies faibles de l'Europe économiquement centrale (l'Espagne, l'Italie, la Grande-Bretagne et bientôt la France) sont concernées. Et par ricochet, les économies plus performantes du nord de l'Europe

---

28 Le quatrième rapport du Giec (2007) a établi le lien entre les dates et l'intensité des efforts accomplis – ou non – contre le changement climatique, et l'évolution future du climat (voir <http://ipcc.ch>). Le rapport Stern évalue le coût de ces efforts (1 % du PIB) et le coût de l'absence d'effort (5 % à 20 % du PIB). Voir Nicholas Stern, *The Economics of Climate Change*, Cambridge University Press, Cambridge, 2007.

(Allemagne, Scandinavie), elles aussi endettées, sont menacées, leurs efforts de désendettement reposant sur les débouchés de l'Europe du Sud.

Plus inquiétant encore : au début de l'été 2011, le *rating* des bons du Trésor américain est réduit de AAA à AA. Le *rating* – l'évaluation de la solvabilité d'un débiteur par l'oligopole des trois agences mondiales de notation – est certes de bien pauvre qualité [29]. Ces agences n'ont pas détecté l'insolvabilité des *subprime*, et jusqu'à la fin 2011 elles donnent une meilleure note à la France qu'aux États-Unis ! Et pourtant, cette dégradation de la note de la dette américaine signifie plus que la fin du régime libéral-productiviste. Elle annonce la fin d'un régime monétaire mondial qui prévalait dans les deux derniers modèles de développement (de 1950 à nos jours), le *Gold Exchange Standard* devenu *de jure* en 1971 un *Dollar Exchange Standard* : l'idée que « le dollar est aussi bon que l'or ». C'est-à-dire, implicitement, et explicitement depuis la fin de la convertibilité du dollar en or, l'idée qu'une fois échangée contre des dollars, une valeur (quelque marchandise ou actif que ce soit) est reconnue comme une vraie valeur, socialement utile et donnant droit à une valeur équivalente au niveau mondial. Du fait de ce privilège, le Trésor américain et, en réalité, toute l'économie américaine pouvaient payer leurs dettes avec la monnaie qu'émettait le système monétaire américain. La FED n'avait qu'à escompter les crédits faits par les banques à l'économie américaine, sous forme de monnaie qui était universellement acceptée. Et la dévaluation relative du dollar vis-à-vis des autres monnaies

29 Le *rating* est une évaluation des risques de défaut (de non-remboursement) de l'emprunteur, donc des risques que prend le prêteur. Elle se traduit par une note, par ordre décroissant : AAA ; AA+, etc. Cette note est attribuée par trois agences dans le monde. Autrefois, les banques réalisaient cette évaluation en interne. L'externalisation de cette fonction dans les trois agences a mis à la disposition de tous les épargnants et institutions financières un panorama des risques sur l'immense variété des titres offerts. Mais, évidemment, les banques restent libres de leur propre évaluation, et les marchés fixent une évaluation réelle de la prime de risque que les prêteurs exigent : le *spread*, excédant du taux d'intérêt par rapport aux conditions faites aux emprunteurs les plus sûrs. Le *spread* peut diverger significativement du *rating*, bien que cette notation tende à s'imposer comme quasi officielle, quand elle sert par exemple à évaluer les réserves d'une banque.

mondiales, entamée dès le début du modèle libéral-productiviste, était une façon indolore d'annuler les dettes américaines.

Mais, lorsque même les bons du Trésor américain deviennent douteux, où est la « vraie monnaie », la vraie réserve de valeur, le vrai moyen de paiement ? Et plus immédiatement : si un débiteur fait défaut (comme la Grèce), qu'adviendra-t-il aux créditeurs (comme les banques françaises ou allemandes) ?

En réalité, toute l'économie de dette du modèle libéral-productiviste était fondée sur une convention : la fiabilité de certains titres représentant des dettes. Avec ces titres à leurs actifs, les banques commerciales pouvaient émettre de nouveaux crédits, en fonction de règles prudentielles acceptées [30] (le ratio Cooke et ses développements : Bâle I, II et III). Si la communauté financière considère que les titres de débiteurs respectés ne seront plus jamais remboursés, alors la capacité de faire à nouveau crédit (ce qu'on appelle la *New Money*) se réduit. Dès lors, comment financer un nouveau modèle de développement ?

Dans les années 2010-2011, le débat sur la dette publique (dite « souveraine » quand il s'agit des États ou des banques centrales, parce qu'ils ont le « monopole de la violence légitime » pour prélever de quoi rembourser) s'engage entre économistes et responsables politiques. Mais dans un premier temps, en dépit des avertissements des économistes keynésiens et même du FMI, la règle dominante s'impose : « D'abord on paie ses dettes. » On proclame donc, dans la plupart des pays, la réduction des déficits publics, mais la tendance est en fait à réduire le déficit plutôt en réduisant les dépenses publiques qu'en accroissant les impôts [31]. Résultat : la pâle reprise provoquée par

---

30 Les « règles prudentielles » (voir l'encadré 4 au chapitre suivant) fixent par exemple combien une banque doit garder en réserve quand elle fait des crédits. Il y a une vingtaine d'années, la règle était simple (ratio Cooke) : 8 %. Par les négociations de Bâle, on cherche à améliorer ces règles, en tenant comte de la nature des réserves des banques… appréciée par le *rating*. Par exemple, on a longtemps considéré – jusqu'en 2011 – que des réserves investies en bons du Trésor étaient les plus sûres. Théoriquement, une banque pouvait prêter à un État sans aucune augmentation de ses réserves, puisque les obligations de cet État étaient admises comme réserves ! Eh bien, ce n'est plus le cas.

31 Keynes recommandait pourtant, à déficit égal, et en présence de chômage, de dépenser plus quitte à accroître les impôts, car au moins l'argent qui passe dans les trésors publics est

les politiques budgétaires expansionnistes de 2008-2009 agonise à l'été 2011... D'où réduction de l'activité et des rentrées fiscales, et nouvel accroissement des déficits publics. Une spirale récessive, très similaire à la politique du président Hoover ou de Tardieu et Laval dans les premières années 1930. Au fond, on cherche à sauver le modèle libéral-productiviste par les méthodes du libéralisme qui ont conduit à la crise, et notamment la poursuite du démantèlement de ce qui restait de la période fordiste, l'État providence, les services publics, la négociation et les conventions collectives [32]...

Le principal progrès de cette deuxième période est une avancée vers la mutualisation des dettes européennes dans le Fonds européen de stabilisation financière (FESF) puis le Mécanisme européen de stabilité (MSE). C'est une sorte de FMI intra-européen, empruntant les fonds sur le marché mondial avec la garantie de toute l'Europe, et prêtant à ses pays les plus endettés. Mais ce fonds ne pourra jamais couvrir toutes les dettes pendantes dans les pays européens fragiles. Et le pas suivant, la monétisation des dettes (voir l'encadré 3) par des opérations de la Banque centrale européenne, crée des tensions entre les Allemands et d'autres responsables européens, plus keynésiens... ou plus endettés. Or un simple mécanisme de mutualisation (indispensable pour apporter de la *New Money*) respecte le dogme selon lequel toutes les dettes doivent être payées, alors qu'elles étaient fondées sur un modèle de développement en crise. Dogme auquel tient particulièrement la droite allemande [33].

---

aussitôt redépensé, en investissements ou en revenus redistribués aux plus pauvres, et « fait tourner l'économie ».

32 Sur le cas de la Grèce, voir Maria Karamessini, « Crise de la dette publique et "thérapie de choc" », *Chronique internationale de l'IRES*, n° 127, novembre 2010.

33 Ses raisons sont loin de se réduire à l'« intérêt du capital allemand ». Le capital industriel allemand n'a aucun intérêt à la récession dans le reste de l'Europe, ni le capital financier allemand à l'accumulation des difficultés chez ses débiteurs. Il s'agit plutôt d'un bloc idéologique du type « populisme de nantis » (voir le chapitre 5), libéral-conservateur, mais appuyé par une certaine tradition des élites allemandes, y compris financières, et renforcé par le traumatisme de l'hyperinflation.

Encadré 3. **Que veut dire « monétiser une dette » ?**

Supposons qu'une banque (la BNP par exemple) ait prêté à un pays au bord de la faillite (la Grèce). Quand on se rend compte que cet État ne peut plus payer, on peut annuler la dette, ou du moins la rééchelonner, sur un demi-siècle par exemple. L'État endetté peut décider seul cette annulation, en se mettant en faillite d'abord, et en négociant ensuite, cela ne change pas grand-chose (l'Argentine a moins obtenu en « répudiant sa dette » que la Grèce en négociant d'abord).

Mais la BNP risque alors de se trouver en difficulté. L'argent qu'elle a prêté ne « rentre » plus, ni le principal ni les intérêts. La valeur de l'action de la banque baisse, or les actions des banques représentent une partie importante de l'épargne des ménages (l'assurance-vie). La faillite d'un État provoque ainsi des réactions en chaîne dans tous les autres pays où résident ses créditeurs.

Une solution alternative est de « monétiser la dette », c'est-à-dire que la Banque centrale (en Europe, la BCE, aux États-Unis la FED) achète la dette à la banque (la BNP) en échange de la monnaie qu'elle émet. La BNP a d'un coup récupéré son argent (cela s'appelle « escompter » le titre qu'elle avait sur la Grèce) et elle peut recommencer à prêter, avec les euros ainsi obtenus.

Une solution plus douce est pour la Banque centrale de « prendre en pension » la dette grecque détenue par la BNP, ce qui veut dire que la BNP a l'argent tout de suite, mais doit le rembourser au bout d'un certain temps en récupérant son titre sur la Grèce. C'est ce qu'a fait la BCE à grande échelle à partir de 2008. Puis, discrètement, elle a racheté de la dette publique, mais modérément (trop ?).

La Banque centrale peut en effet émettre une certaine quantité d'euros sans que cela ne déclenche une accélération de l'inflation. D'abord parce qu'il s'agit de sommes relativement modestes (dans le cas de la Grèce) par rapport à ce que la Banque centrale a déjà émis. Ensuite parce que, ce faisant, la Banque centrale

> interrompt la récession en Grèce et donc relance la production réelle (écologique ou pas, c'est une autre histoire), en Grèce et chez les fournisseurs de la Grèce. Il y a donc plus de produits en face de la quantité accrue de monnaie. Enfin parce que, quand les affaires vont mal, les vendeurs sont peu enclins à augmenter leurs prix, surtout quand la concurrence chinoise ne se relâche pas... Bref, monétiser n'est pas actuellement très dangereux.
> Mais évidemment, si une banque centrale monétise à grande échelle, cela finit par devenir inflationniste. D'où la proposition de « flécher » une partie des nouveaux euros, que maintenant la BNP détient, vers un investissement immédiat, pour augmenter la production, et là il devient important de flécher vers de la production qui fera décroître l'empreinte écologique. Nous suivrons cette piste au prochain chapitre.

Ces pas timides vers la mutualisation des dettes que représentent le FESF et le MSE, pas qui entraînent incontestablement une charge pour les contribuables allemands, font au moins progresser l'idée que la solidarité ne peut être décidée après coup, qu'elle exige une surveillance mutuelle des budgets des États européens : un pas en avant vers le « fédéralisme budgétaire ». Ce pas politique est franchi lors du dramatique sommet européen de décembre 2011. Au prix d'une quasi-expulsion de la très souverainiste, donc très libérale [34] Grande-Bretagne, une nouvelle réforme des traités est décidée, dont les moyens et les objectifs restent à préciser. Ce qui bien sûr ne convainc pas du tout les banques créditrices, lesquelles attendent impatiemment une monétisation des dettes souveraines, puis une politique de relance économique.

Quand un modèle s'effondre, les crédits qui étaient basés sur lui doivent être annulés, et le seront de toute façon, soit à

---

34 Dans une zone plurinationale de libre circulation des marchandises et des capitaux, un pouvoir politique fragmenté ne peut réguler ni le commerce ni la finance. Le souverainisme nationaliste n'est alors qu'une ruse pour consolider le libéralisme économique.

travers des faillites, soit à travers l'inflation, soit à travers quelque forme négociée de rééchelonnement, permettant le sauvetage des débiteurs sans ruiner les créditeurs, tout en offrant de la *New Money*, des nouveaux crédits pour un nouveau modèle. Ce fut le cas dans les années 1930 (plan Young, moratoire Hoover) ; ce fut le cas lors de la crise de l'Amérique latine dans les années 1980-1990 (plan Brady) ; et c'est ce qui reste à inventer pour la crise présente. Encore faut-il préciser : pour financer quoi ? C'est l'enjeu de la conversion verte, du *Green Deal*.

3

Feuille de route pour un Green Deal

Trois années ont été perdues, et précisément dans des domaines qui ne pouvaient pas attendre. Dans cette crise à multiples étages, certaines réformes peuvent attendre : il vaut mieux réformer tout de suite, mais, tant que l'effondrement ne s'est pas produit, attendre une année de plus ne coûte pas grand-chose. Par exemple : différer de dix ans la réduction de la durée du travail, c'est mauvais pendant ces dix années pour l'emploi et la qualité de vie, mais cela n'a pas de conséquences irréversibles. Au contraire, différer de dix ans une action contre le changement climatique est irréversible à l'échelle humaine, car le gaz carbonique émis pendant ces dix ans restera cent cinquante ans dans l'atmosphère, et contribuera dès la première année à la réchauffer. Le problème, c'est qu'aujourd'hui tous les problèmes sont urgents.

Mais attention ! L'invention d'un nouveau modèle de développement n'est jamais le résultat d'un plan préparé à l'avance et qu'il suffirait de mettre en œuvre le plus rapidement possible. Un nouveau modèle de développement est une invention de l'Histoire, produit de tâtonnements, d'essais et d'erreurs, de compromis sociaux pas toujours les plus efficaces, mais appelés à durer, à s'institutionnaliser, parce que finalement ils sont « suffisamment bons ». Avec toujours une rivalité entre modèles parfois férocement concurrents, qui se conclut par la victoire d'un « modèle central », sans que pourtant les alternatives surclassées soient éliminées de la surface de la Terre...

Toutefois, il est bien évident qu'un nouveau modèle ne se stabilise que s'il répond, d'une façon ou d'une autre, aux contradictions qu'a révélées le modèle en crise. Réfléchir, comme nous venons de le faire, sur les causes de la crise du modèle libéral-productiviste caduc, c'est déjà borner l'espace des choix pour un nouveau modèle : forcément, il devra répondre aux causes de la grande crise qui lui donne le jour, ou plutôt qui l'a appelé en réponse.

La Grande Dépression des années 1930 fut une grande crise du libéralisme, « une révolte de la société contre le mythe du pouvoir autorégulateur du marché, qui détruisait la nature, le travailleur, et la machine », comme l'a écrit Karl Polanyi aux débuts des années 1940 [1]. Cette révolte, remarquait-il, ne pouvait aboutir qu'à un modèle plus dirigiste, plus planifié, c'est-à-dire à une plus forte intervention du pouvoir politique pour réguler l'économie. Et Polanyi distinguait trois solutions qui s'affrontaient réellement : la social-démocratie, le fascisme, et le stalinisme. Les guerres civiles des années 1930 et la Seconde Guerre mondiale peuvent être lues comme l'histoire d'un combat triangulaire entre ces trois adversaires, avec leurs permanents retournements d'alliances (comme dans *Le Bon, la Brute et le Truand*). Ce qui sortit de la guerre mondiale, puis des premières années de la guerre froide, ce fut la victoire du fordisme, compromis entre l'ancien libéralisme, la position médiane de la démocratie chrétienne, et les ambitions les plus avancées de la social-démocratie. Mais le fascisme resta au pouvoir dans une petite partie de la vieille Europe, le stalinisme occupa une large moitié du monde, et les pays d'Amérique latine adoptèrent des formes variées de métissage entre ces trois modèles.

C'est donc par une illusion rétrospective consentie que nous attribuons les « plans » du fordisme à Henry Ford

1 Karl Polanyi, *La Grande Transformation, op. cit.*

lui-même, à John Maynard Keynes, Franklin Delano Roosevelt, ou William Beveridge. Ces « grands hommes » ont théorisé leur pratique, ils n'ont pas pratiqué leurs théories et, sans nier l'importance de leurs personnalités dans l'Histoire, nous devons comprendre que leurs actions restaient contraintes par la cohérence économique du mode de développement qu'ils contribuaient à mettre en place et par la force des mouvements sociaux (et des armées) qui poussaient vers l'une ou l'autre solution.

Les forces sociales qui dessineront le modèle de la première moitié du XXIe siècle ne se discernent pas encore clairement. En revanche, les contraintes qui s'imposent à tout nouveau modèle de développement sont déjà bien claires et imposent une feuille de route à toute sortie de la crise. Nous avons besoin d'une nouvelle donne entre les classes sociales, et cette fois au niveau mondial. Ces mots, « nouvelle donne », sont ceux-là mêmes de la campagne de Franklin Roosevelt en 1932, le *New Deal*. Mais, nous le savons, le *New Deal* dont nous avons besoin aujourd'hui doit, en plus, répondre aux contraintes écologiques qui s'imposent dorénavant à l'humanité. Le *Deal* à venir sera donc vert : un *Green Deal*, une conversion verte en même temps qu'un compromis vert.

Nous reprendrons dans ce chapitre les diverses composantes d'un modèle de développement présentées au chapitre 1 (mais pas dans le même ordre, on verra pourquoi), pour discerner les traits probables de ce que devrait être un « bon » modèle de sortie de la crise actuelle. Mais il ne suffit pas pour un modèle d'être « bon », c'est-à-dire économiquement cohérent et socialement souhaitable. Encore faut-il qu'il soit matériellement possible et politiquement désiré : c'est ce que nous examinerons dans les chapitres suivants.

Régulation financière et budgétaire : nécessaire, mais pas suffisante

Il semble que le plus urgent reste la crise d'insolvabilité. C'est vrai. Mais, comme le montre le cas grec après l'expérience de l'Amérique latine des années 1980, le vrai problème, derrière l'insolvabilité, c'est le problème de la *New Money*. C'est-à-dire non seulement l'apurement des dettes passées, mais également l'argent servant à éponger les déficits qui persisteront un certain temps, et à financer les investissements futurs. Les banqueroutes, l'annulation, ou le rééchelonnement des dettes ne sont pas suffisants. Pire, l'annulation ou le rééchelonnement de la dette passée ou, plus néfaste encore, la répudiation unilatérale de la dette diminuent le « crédit » de l'emprunteur : qui lui fera des prêts à l'avenir, s'il s'est montré incapable de rembourser dans un passé récent ? Nous devons offrir de nouveaux crédits au *Green Deal*. Nous devrons donc examiner pour commencer ce nouveau modèle qu'il faut promouvoir, après quoi, nous reviendrons sur le problème de son financement.

Nous pouvons en revanche dire tout de suite quelques mots de la « régulation de la finance », c'est-à-dire de la réforme des mécanismes d'ajustement financier qui ont manifestement « disjoncté » à l'automne 2008, ayant trop longtemps laissé s'accumuler les tensions dans les années précédentes.

La plupart des débats ont d'ailleurs jusqu'ici concerné, et continueront de le faire, ces formes de régulation du secteur de la finance, et en particulier les conditions de prêt aux États. Est-ce que le pacte de stabilité de l'Union européenne doit être renforcé, après sa « réforme laxiste » de 2005 ? La BCE doit-elle financer quelque déficit public que ce soit ? Est-ce que les réformes des règles prudentielles et de la supervision du système financier adoptées à la fin des années 2000 par les États-Unis, l'Union européenne, le FMI et le Conseil de stabilité financière (Bâle III) sont suffisantes ? Pouvons-nous accepter que certains agents particulièrement imprudents, les grandes banques, soient « trop gros pour faire faillite » ? Ce sont des questions importantes [2]. Mais rappelons que mettre exclusivement l'accent sur ces points revient à réduire la crise à ce que nous avons appelé une crise « à la Minsky », due à un excès de prise de risque.

La supervision financière. Le prochain modèle sera certainement un modèle capitaliste, car il n'y a pas de « candidat » alternatif [3]. Il sera régulé et orienté par le *Green Deal*, mais il respectera la liberté d'entreprendre. Il y aura donc toujours des capitalistes qui risqueront leur argent dans de nouvelles entreprises. Et c'est probablement tant mieux : rares sont les partisans d'une économie administrée à la soviétique, où les nouveautés ne sont introduites que par la bureaucratie, fût-elle « démocratiquement » contrôlée. Ces entrepreneurs ne risqueront pas seulement leur argent, mais chercheront des fonds, chez des associés, ou dans des banques, ou dans des fonds communs de placement à risque. Car qui dit entreprise, dit risque : risque de se tromper sur la réalisation technique d'un produit nouveau, sur le désir qu'en aura la clientèle… Donc il y aura toujours des échecs, des faillites, il y aura toujours des prêts non remboursés. Et si une banque d'affaires se montre particulièrement entreprenante dans le soutien qu'elle apporte à des entreprises spécialement innovantes, tant mieux. Elle aura aussi plus de chances de faire faillite ? Oui, mais l'important est qu'elle n'entraîne pas d'autres banques dans sa chute, en particulier des banques de dépôt : celles où les particuliers placent leur argent du mois pour ne pas prendre le risque de se le faire voler, et leurs économies pour s'en servir plus tard : pour

---

2 Pour une excellente synthèse des réformes à entreprendre immédiatement dans le domaine de la régulation financière, voir Pascal CANFIN, *Ce que les banques nous disent et pourquoi il ne faut presque jamais les croire*, Les Petits Matins, Paris, 2012.

3 Je parle des « années qui viennent », dans la fenêtre fixée par le GIEC : d'ici 2020. C'est pourquoi l'affirmation qu'on ne peut rien faire pour éviter la crise écologique sans être préalablement sorti du capitalisme, par une révolution socialiste et antistalinienne, apparaît profondément démobilisatrice dans le livre fort instructif de Daniel TANURO, *L'Impossible Capitalisme vert*, Les Empêcheurs de penser en rond, Paris, 2010.

équiper leur logement, ou arrondir leur retraite. Ce « placement », les déposants le savent, n'est pas destiné à « dormir » : il sera prêté par leur banque à une entreprise ou à une administration qui en a besoin, et ce prêt mérite rémunération. Mais les déposants ne cherchent pas un haut rendement, ils recherchent avant tout la sécurité. Ils exigent donc de leur banque plus de « prudence ». Banques de dépôt et banques d'affaires ne pratiquent pas le même métier, quoique les secondes utilisent souvent l'argent que collectent les premières.

Ces deux types de banques pourront donc avoir des liens de coopération, mais ne pourront pas être responsables les unes pour les autres, au-delà du moins d'une certaine limite (il faut en effet éviter, d'un autre côté, qu'une banque ne se défausse trop vite de ses responsabilités et de ses pertes dans un véhicule fantôme !). La faillite des unes ne doit pas entraîner la faillite des autres, ce qui implique aussi de diminuer le poids des banques les plus dangereuses par leur taille actuelle, les obliger à se scinder en plusieurs entités (ce qui fait d'ailleurs partie d'une saine politique « antimonopoliste » de la concurrence, comme le montra Mario Monti quand il était commissaire européen). Les unes et les autres devront respecter des règles de prudence, certes plus strictes pour les banques de dépôt que pour les banques d'affaires, mais dans tous les cas réglementées et supervisées (voir l'encadré 4).

L'expérience de la crise a montré que ces règles prudentielles ne peuvent pas se limiter à un « ratio » entre les fonds sûrs à leur disposition et leurs engagements (voir l'encadré 4). Car nous ne savons pas évaluer correctement la valeur d'un « fonds sûr à disposition ». Vous possédez des obligations sur le Trésor américain ? Certainement, vous pouvez les revendre le jour où vous avez besoin d'argent frais. Vous avez des obligations sur le Trésor grec ? Vous ne savez pas du tout si vous pourrez les revendre, et à quel prix, le jour où vous en aurez besoin. L'évaluation d'un titre par la valeur instantanée, constatée sur les marchés (norme dite IAS/IFRS), qui s'est imposée au début des

a éritable désastre [4]. Il a fallu, à la
f propres des banques par des
« plus rien un jour de panique,
c serait de même quelques mois
p tement déclarer la banque en
fa ne banque doit faire face à ses
er ouver de l'argent frais instan-
ta ne part de ses réserves. Cette
co nécessaire (la possibilité de
tro t frais en vendant des actifs)
et i en résulte, ne peut pas se
rés nnement des marchés finan-
cie ecours, capable d'aider un
emp tion ou banque) à passer un
mau ne pas ses décisions unique-
men is d'une évaluation sur la

4 To la directive européenne « Règles pruden-
tiel ». Il s'agit des groupes financiers euro-
pée banque de dépôt ou d'affaires et sur
l'as ent séparées lors de la crise des années
193 ation en France étant généralement la
fusio t, l'Espagne ayant hérité du fascisme un
systè ce ».
Il s'a de se la faire imposer par les États-Unis
dans les périls qui s'accumulaient, je me suis
efforc nds propres comme garanties pour les
activi du même groupe financier et, d'autre
part, c s nationales, au sein de l'Union euro-
péenn pas sans mal, et bien entendu très en
deçà d nande ou britannique, je n'ai pu aug-
mente ssurances, je n'ai pu que faire limiter
le « no es de choisir à la carte de se faire sur-
veiller aible, et en leur imposant de se faire
surveill leur activité. Et face aux banques
d'affaire tés en Europe seraient réglementées
comme même quand elles ne le sont pas aux
États-Un qu'il faut d'une part augmenter ces
ratios pr système de surveillance unique à
l'échelle
Mais le p mençais mon travail, en février, le
secteur de opres) que le secteur de la banque,
mais à la f vement, imprévisible, de l'évalua-
tion de le ron, et par l'attentat du 11 Sep-
tembre !

Encadré 4. **Qu'est-ce que la supervision prudentielle ?**

La notion de règle prudentielle a touché le public éclairé à partir de la crise des *subprime*. Les événements de la fin 2008 mettaient en lumière les « imprudences » commises par le secteur financier depuis des années. Ces imprudences, l'opinion publique les avaient contemplées, médusée, pendant deux décennies : on parlait d'économie casino, on s'indignait des taux de rentabilité à deux chiffres du capital financier, sans se rendre compte que cette rentabilité avait pour contrepartie une prise de risque pouvant anéantir d'un coup les fonds engagés.

Malheureusement, on a compris du même coup que l'effondrement d'un fonds d'investissement à risque pouvait entraîner l'effondrement des banques qui lui avaient prêté de l'argent, et donc la ruine des épargnants ayant déposé dans ces banques. Dès lors, la plupart des gouvernements se sont trouvés dans une situation de chantage : soient ils renflouaient les banques, soit ils voyaient s'effondrer l'économie. Et, d'un autre côté, la quasi-certitude qu'un tel chantage serait « gagnant » pour les banques a contribué à leur prise de risque excessive : c'est le problème de l'aléa moral.

En réalité le dilemme était perçu depuis longtemps par les autorités bancaires gouvernementales. De fait, les banques remplissent un service public de gestion d'un bien commun, la monnaie. Elles sont donc astreintes à des obligations de service public et notamment à la prudence : ce sont les « règles prudentielles ».

Prenons un exemple. La banque B prête à l'entreprise E la somme Y. L'entreprise E débite ce prêt en payant des fournisseurs avec des chèques sur la banque B. Malheureusement, le produit miracle proposé par l'entreprise E ne remporte aucun succès, et l'entreprise E fait faillite. Les chèques, pour un total de Y, remis par E à ses fournisseurs et ses salariés continuent pourtant à circuler et sont finalement présentés au guichet de la banque B. Celle-ci doit être capable de fournir en

paiement des fonds dont elle dispose, ce que l'on appelle des « fonds propres », ou alors elle doit emprunter.
Les fonds propres correspondent à de l'argent qui a été déposé à la fondation de la banque par ses propriétaires, accru des profits de la banque mis en réserve. Bien entendu, ils ne se présentent plus depuis bien longtemps sous forme de sacs d'or dormant dans les coffres. Ces fonds sont eux-mêmes placés en investissements très sûrs, et notamment en obligations d'État (c'est-à-dire des emprunts d'État rémunérés à un taux d'intérêt convenu). Les États sont plus sûrs que les entreprises car théoriquement ils peuvent envoyer des policiers pour faire payer les impôts. C'est pourquoi leurs dettes sont appelées « dettes souveraines ». La réalité est malheureusement plus floue : certains États sont totalement incapables de faire payer des impôts aux entreprises et à leurs propriétaires.
Les titres représentant les prêts de la banque B à l'État S sont en tout cas réputés plus sûrs que les titres représentant son prêt à l'entreprise E. Mais ils ne sont pas tout à fait sûrs non plus. Il est donc bien difficile de rédiger des règles prudentielles. En général, elles sont de la forme suivante : la somme des prêts Y de la banque B ne doit pas dépasser un certain multiple des fonds propres qu'elle tient à disposition. Ce multiple, ou plutôt son inverse, est le « ratio Cooke ». Mais aujourd'hui la notion de fonds propres est remise en question par l'insolvabilité de plus en plus manifeste de certains États souverains, et en particulier de celui sur qui reposa la monnaie mondiale de la seconde moitié du XXe siècle, l'État fédéral américain.
D'autres réserves de la banque sont investies en titres privés (actions, obligations d'entreprise : notamment, d'autres banques). Les règles prudentielles modernes (Bâle III) distinguent donc plusieurs niveaux (*tiers*) de sécurité différents.
Insistons sur le fait que ces règles sont obligatoires, du moins pour le secteur financier réglementé (ce qui est le cas pour quasiment tout le secteur financier dans l'Union européenne, mais pas aux États-Unis). Dès lors,

la surveillance de l'observation de ces règles est confiée à des autorités publiques qui s'appuient pour cela... sur les tableaux d'évaluation des titres du monde entier, fournis par les agences de notation. Il est bien clair que les autorités bancaires de Lituanie n'ont pas les moyens de vérifier à quel point les titres thaïlandais dans les réserves d'une banque lituanienne sont sûrs ! Or, nous l'avons vu, la qualité de la notation par ces agences est assez douteuse. Néanmoins, exactement comme les bureaux de certification de la sécurité des édifices ou des navires, ces agences remplissent une fonction de service public : renseigner les autorités de contrôle financier...

Ce n'est pas la seule difficulté de la surveillance prudentielle. La plus évidente difficulté est la variation de la valeur des actifs dans les réserves d'une banque, mesurée par leur prix constaté sur le marché. Or le marché peut être aveugle ou s'affoler. Et surtout, on a pris conscience avec la crise « systémique » de 2008 que l'effondrement de la confiance dont jouit un emprunteur peut être provoqué non par ses propres difficultés, mais par celles d'un autre emprunteur dont les titres (devenus « toxiques ») figurent à son actif, et que la mise en faillite d'un acteur suffisamment grand (dit pour cela « systémique ») peut provoquer la faillite en chaîne de tous les autres.

Exemple : la banque B a prêté à un État étranger S, en achetant ses obligations. Ces obligations avaient l'air très sûres, l'État S étant peu endetté (c'était le cas de l'Espagne en 2007). Mais le secteur bancaire du pays S s'est effondré. L'État S a dû voler au secours de ses banques, et pour cela s'est endetté. Le crédit accordé par B à S est donc devenu brutalement moins sûr. Or rien n'obligeait, si ce n'est sa responsabilité politique, l'État S à secourir ses banques. Parfois, cette obligation politique ou morale fait l'objet d'un engagement dit « hors bilan » (l'État n'a rien prêté au système bancaire du pays, mais il a « garanti » certains de ses emprunts). Mais, d'autres fois, cet engagement hors bilan est purement implicite, strictement politique. Et à son tour la banque B, qui voit son crédit dévalué par le fait qu'elle a prêté à l'État S, lequel a secouru ses banques, devient donc un risque dans son propre pays P. L'État P va peut-être devoir intervenir à son secours, en s'endettant. Et ainsi de suite.

Ce système dense et complexe, peu transparent, d'engagements qui peuvent être eux-mêmes flous, rend extrêmement difficile la surveillance prudentielle. Idéalement, c'est d'une surveillance « macroprudentielle » qu'il faut alors parler, une évaluation de la stabilité financière dans toute une zone transnationale, et elle est plutôt le travail de macroéconomistes étudiant, pour le compte d'une banque centrale par exemple, la situation globale du système financier de la zone, couplé avec la situation de ses État et collectivités locales, et des endettements privés du pays, le tout dans un contexte international plus ou moins tendu.

Bien entendu, les banques centrales se livrent à ce travail depuis l'existence de la monnaie de crédit, surtout depuis la Seconde Guerre mondiale. Mais la crise actuelle a explicité le problème d'une surveillance macroprudentielle, coordonnée entre les États (et d'ailleurs confiée à une branche du Fonds monétaire international). Les méthodes de cette surveillance, et les règles qu'elles pourraient inspirer, n'existent pas encore. Mais elles sont rendues nécessaires par le fait qu'aujourd'hui la monnaie est devenue une pure monnaie de crédit, dont l'ancien ancrage universel, le dollar, devient lui-même un pilier de moins en moins sûr. La supervision prudentielle et macroprudentielle devient l'ancrage ultime d'un système international de monnaies de crédit ayant rompu toute référence à une « monnaie-marchandise », l'or, comme les instruments de navigation deviennent les seuls ancrages d'un avion après le décollage. Cette mission de service public ne peut être intégralement déléguée à des entreprises privées. La concurrence des opinions et des expertises est sans doute utile et même nécessaire, mais l'Union européenne et le FMI devraient plutôt s'assurer de l'existence d'agences de notation et de supervision indépendantes sur fonds publics, par exemple à base universitaire.

Assurer la stabilité financière d'une zone monétaire en fonction d'une analyse macroprudentielle de cette zone reste ensuite une tâche de plus en plus difficile. Les banques centrales disposent de deux outils. Elles peuvent d'une part rendre le crédit plus ou moins facile en fixant le taux d'intérêt auquel elles prêtent. Elles peuvent d'autre part acheter (ou « prendre en pension ») des titres, ce qui revient à décharger les banques privées, voire les entreprises, des risques qui pèsent sur elles. Cependant, une politique monétaire plus accommodante peut provoquer des prises de risque excessives, des bulles spéculatives. Et les banques centrales ont d'autres obligations : empêcher l'inflation, faire varier le taux de change en modifiant le taux d'intérêt. Un débat s'est donc ouvert sur la possibilité ou non de confier tous ces objectifs en même temps à la seule Banque centrale [a]. Mais, rappelons-le avec force : face à cette grande crise, le rôle d'un système de banques centrales n'est pas seulement d'assurer la stabilité financière, et celle de la valeur (interne ou externe) de la monnaie, mais d'assurer une orientation sélective du crédit vers les investissements de la conversion verte. Cela passe sans doute par une institution spécialisée, la Banque d'investissement, ayant un accès privilégié et inconditionnel au refinancement auprès de la Banque centrale.

a. Voir à ce sujet les positions contrastées exprimées dans « Banques centrales et stabilité financière », rapport au Conseil d'analyse économique, n° 96, 2011.

situation particulière de l'emprunteur, la situation générale qui lui permet ou non d'espérer rembourser, les conséquences qu'aurait sa faillite… Traditionnellement, ce rôle est dévolu à la Banque centrale, « prêteur en dernier recours », qui émet de la monnaie en escomptant du papier représentant des crédits accordés par les « banques de second rang », les banques commerciales qui n'ont pas le pouvoir d'imposer les papiers qu'elles émettent comme de la vraie monnaie.

Contrairement à ce qu'on affirme trop rapidement, la Banque centrale européenne n'a pas hésité à racheter des obligations des États européens. Elle l'a fait pour sauver les banques qui avaient prêté à ces États, mais ce faisant, elle a bien entendu soulagé la situation des États emprunteurs. D'où le grand débat : pourquoi ne finance-t-elle pas directement les déficits des États en difficulté ? La réponse est connue : pour ne pas encourager les États emprunteurs à « faire des bêtises » (c'est le problème de l'« aléa moral »), et parce qu'il s'agit de sommes tellement massives que cet excès de monnaie émise peut provoquer de l'inflation. Nous avons déjà évoqué ce point dans l'encadré 3 sur la monétisation des dettes.

Le lien entre excès d'émission de monnaie par la Banque centrale et inflation est incontestable : même si nous ne croyons pas en la théorie quantitative de la monnaie – l'idée que la masse de monnaie émise se répartirait simplement sur la masse de marchandises offertes, le niveau des prix étant le quotient de l'une par l'autre –, il est clair que l'abondance de monnaie dans une économie suscite à la fois le désir d'entreprendre et d'embaucher (créant par conséquent de l'activité nouvelle), et une tendance à ne pas être trop regardant sur les prix (créant de l'inflation). Dans quelles proportions ? Dans l'Allemagne des défaites après les guerres mondiales, ou dans l'Amérique latine dans les années 1980, cela s'est traduit par une hyperinflation. La « planche à billets » ne suffisait pas à alimenter une inflation qui galopait toujours plus vite, ruinant les retraités, les petits épargnants, les salariés aux statuts les plus précaires, et d'une façon générale les groupes sociaux les moins à même de se débrouiller sur les marchés financiers. Aujourd'hui, une économie mondiale inondée de liquidités par les Banques centrales ne connaît ni vague d'investissements ni inflation, parce que le surinvestissement dans les pays émergents exerce une terrible pression à la baisse sur les prix et que, de ce fait, peu d'entrepreneurs ont envie d'investir [5].

---

5 On peut se demander pourquoi le modèle fordiste s'est achevé dans une onde d'inflation, le modèle latino-américain par une hyperinflation, alors que les modèles libéraux meurent plutôt dans le trou de la déflation. Nous n'en traiterons pas ici, mais cela signifie tout simplement que chaque modèle de développement, chaque mode de régulation, a ses méca-

L'inflation n'est pas aujourd'hui une grave menace (elle peut même être une forme douce de réduction des dettes, mais avec des effets sociaux défavorables), mais elle pourrait le devenir. La réponse est probablement que la Banque centrale ne doit plus monétiser et refinancer n'importe quoi. Face au risque d'instabilité financière, elle abaisse le taux d'intérêt pour soulager tous les emprunteurs, mais ce faisant, elle prête à très bas coût aux banques, qui, elles, prêtent aux États à des taux bien trop élevés pour les contribuables !

Je dois faire ici une autocritique sur certains de mes écrits antérieurs. Dans nos trimestriels débats en commission économique et monétaire du Parlement européen avec le gouverneur de la Banque centrale, Jean-Claude Trichet, je lui reprochais régulièrement sa politique de taux d'intérêt toujours supérieurs à ceux de la FED. Il me répondait invariablement qu'il avait le devoir d'ancrer l'euro à un haut niveau pour éviter l'inflation importée. Argument qui ne m'a jamais convaincu. Par ailleurs, cette politique de l'euro fort n'a pas peu contribué à la désindustrialisation européenne. Mais un jour, Jean-Claude Trichet m'a troublé avec cet autre argument : « Pourquoi voulez-vous, disait-il en substance, que la BCE offre de l'argent à bas coût à des investisseurs, qui ne s'en serviront que pour alimenter des bulles spéculatives ? » C'est le même argument de l'inflation, mais une inflation concentrée sur certains objets. Or je devais bien reconnaître qu'il avait raison : des taux d'intérêt bas, loin de faciliter pour les jeunes ménages l'obtention d'un logement, les refoulaient au contraire loin des centres-ville, car les ménages aisés profitaient de ces taux très bas pour acheter des appartements de location, faisant flamber le prix des logements. C'est ce qu'on appelle une « bulle immobilière », qui dans ce cas est même purement une bulle foncière, car elle ne

---

nismes propres de fixation des prix et d'expression de la crise (« Une société, rappelons-le, a la conjoncture de sa structure »), que la monnaie de crédit n'est qu'une condition permissive mais non suffisante de l'inflation, mais que, dans la crise présente, elle empêche un phénomène d'effondrement brutal « à la 1930 ». Voir mon livre *Le Monde enchanté. De la valeur à l'envol inflationniste*, La Découverte, Paris, 1983.

correspond pas à une flambée déraisonnable de la construction, mais à une flambée des prix sur l'ancien et le neuf en même temps. Je modifiai alors mon argumentation : « Pourquoi dès lors ne pas rétablir une sélectivité du crédit, et financer à faible taux les seuls secteurs réalisant des investissements réels et socialement utiles ? » Il répondit que les traités européens le lui interdisaient, hélas ! Argument qui n'avait cette fois plus rien d'économique...

La supervision budgétaire. Rétablir la sélectivité du crédit, parce que certains prêts sont plus utiles et moins inflationnistes que d'autres ? Nous chercherons plus loin à élaborer cette solution, quand nous reviendrons sur le financement du *Green Deal.* Mais remarquons tout de suite que le débat actuel en Europe sur la faillite de la Grèce (et les difficultés d'autres pays périphériques) ne porte pas tant sur ce point que sur le problème de la solidarité entre les parties d'un tout. En effet, quel que soit le mode de régulation de la monnaie, les dettes et les déficits ont toujours pour contrepartie une réalité : un État consomme plus qu'il ne prélève, un pays importe plus qu'il n'exporte, des fournisseurs ont livré leurs marchandises sans jamais avoir été payés... Suspendre le paiement des dettes ou les monétiser n'annule absolument pas le déficit ni l'endettement cumulés : il en reporte le poids sur les créditeurs, sur les fournisseurs (y compris les salariés), sur les usagers de la Banque centrale (par la hausse générale des prix), sur d'autres contribuables... En tout état de cause, quand un ensemble vole au secours d'une de ses parties, cela veut dire que les parties solidaires devront consentir quelques sacrifices, au moins dans un premier temps, même si, dans l'équilibre retrouvé, chacun finira par trouver son compte. Le fédéralisme budgétaire européen appelle donc lui aussi des règles prudentielles : un État ne doit pas pouvoir s'endetter comme il le souhaite, ou alors il renonce à la solidarité des autres.

Prenons le cas d'un ensemble plus petit, lui aussi organisé en parties : la France et ses collectivités territoriales (ou les

États-Unis et leurs États fédérés). Depuis les révolutions démocratiques de la fin du XVIIIe siècle, l'autonomie municipale est une grande revendication des citoyens. Mais, comme ils sont en même temps compatriotes, cela signifie que la faillite d'une municipalité (ou d'un comté, d'un département, d'une région) ne signifie pas évidemment que les habitants de cette partie du tout seront vendus comme esclaves : il y aura solidarité nationale. Les municipalités et autres collectivités territoriales ne peuvent donc pas faire n'importe quoi. La règle, pour les collectivités locales en France et dans la plupart des pays, est une « règle d'or », qui n'est pas celle que la droite européenne tente d'imposer dans les constitutions européennes.

Que dit cette règle ? Elle divise le budget municipal (ou autre collectivité territoriale) en un « budget de fonctionnement » et un « budget d'investissement ». Le budget de fonctionnement comprend en recettes les impôts locaux et les subventions régulières de la solidarité nationale, en dépenses les salaires versés aux employés municipaux, les dépenses courantes, et la charge de la dette. Le budget d'investissement comprend, en dépenses la somme des nouveaux travaux et achats lourds engagés dans l'année, et en recettes l'excédent du budget de fonctionnement et... de nouveaux emprunts. La règle d'or dit que le budget de fonctionnement ne peut pas être en déficit. Autrement dit, on ne peut emprunter que pour financer les investissements. C'est typiquement une règle de prudence, une règle prudentielle. C'est pour l'avoir violée que des municipalités comme Angoulême ou Briançon ont été prises en tutelle par les préfets de leur département, tout en bénéficiant naturellement de la solidarité nationale.

Plus se renforcera la solidarité entre Européens, plus se perfectionnera la définition de ces règles prudentielles, qu'on les appelle « règle d'or », « d'argent » ou « de vermeil ». Si nous voulons que toutes les municipalités et régions qui composent l'Union européenne se lancent dans des investissements de la conversion verte, il faudra par exemple que ces investissements aient un statut à part au sein des règles prudentielles coordonnant la solidarité des parties du tout-européen.

Cette règle prudentielle interrégionale (et entre les États) doit rester assez souple pour amortir les à-coups de l'économie. Même le fordisme le mieux régulé (celui des années 1960) n'ignora pas les fluctuations. La règle d'or des collectivités locales françaises, telle que je viens de l'énoncer, laisse une marge de manœuvre : l'excédent du budget de fonctionnement peut aller de zéro (quand les impôts rentrent mal) à la couverture totale du budget d'investissement. On peut imaginer des règles plus complexes (pour combiner rigueur et souplesse). Chaque pays de l'Union européenne aurait droit par exemple à une fluctuation allant jusqu'à 3 % du déficit de son budget, étant mis à part les investissements « d'avenir » (comme dans la réforme dite « laxiste » de 2005), mais en précisant qu'il ne peut s'agir que d'investissements « verts », ces 3 % pouvant être élargis selon la taille du pays, et selon la conjoncture, sur décision du Parlement européen. Une « règle d'émeraude », en somme.

Un budget fédéral pour l'Europe. Encore faut-il savoir ce que contiendront ces budgets nationaux et régionaux. Seront-ils plus importants ou moins importants (en part du PIB) qu'actuellement ? C'est-à-dire : les conditions de vie des habitants seront-elles plus ou moins assurées par des biens communs offerts par les États et les collectivités locales ? Nous en discuterons plus loin, mais on devine la réponse : si l'automobile doit être largement remplacée par des transports en commun, la part des budgets publics ne peut qu'augmenter... Par ailleurs, une plus grande solidarité interrégionale et internationale implique aussi un plus gros budget de l'État central (ici : le budget de l'Union européenne).

Car il est absurde de dire que « toute zone monétaire suppose la convergence économique des pays qui la compose » : ni la France, ni l'Italie, ni les États-Unis, et encore moins la Chine et l'Inde, au cours de leur unification ni depuis lors, n'ont connu de totales convergences entre leurs régions. C'est le sentiment d'appartenance à un corps plus large que le sien qui nous fait accepter ses lois, ses impôts, sa monnaie, et ce sentiment s'enracine en effet dans une certaine convergence des niveaux de vie entre les espaces du tout. Mais les espaces régionaux ou nationaux n'ont pas la même structure démographique, les mêmes coutumes, les mêmes dotations naturelles, les mêmes acquis, et cette diversité fait le charme de l'ensemble. Si nous souhaitons, si les Grecs souhaitent, que la Grèce fasse partie de l'Europe, c'est que nous reconnaissons sa place dans l'identité européenne, comme les Français reconnaissent la place de l'Auvergne ou de la Provence dans l'identité française : non pas en aplanissant les spécificités grecques, mais en les appréciant. Cela implique des transferts de solidarité permanents en faveur de ces « parties du tout ». Et ces transferts impliquent un budget européen plus important. Avec un Trésor fédéral européen, en droit lui aussi d'emprunter pour financer les investissements (verts) des régions les moins bien dotées. Ce qui n'empêche pas, bien sûr, de veiller à ce que la forme de ces transferts permette au « local » de prendre en main son propre développement [6].

Une plus profonde fédération induit un plus gros budget du tout. C'est simplement l'indice que la collectivité humaine concernée est davantage solidaire. Mais il faut remarquer aussi que la fédération, en harmonisant les lois au sein du tout, modifie les conditions de la collecte de l'impôt, en empêchant ce qu'on appelle le « *dumping* fiscal », c'est-à-dire la compétition entre les parties du tout pour attirer les capitaux, les entreprises et les contribuables… en diminuant les impôts, et même en fermant complètement les yeux dans les « paradis fiscaux ». Or qui se déplace sans problème d'un pays à l'autre, jusqu'aux paradis fiscaux ? Les capitaux et les hommes d'affaires. Qui est rivé à son

---

6 Ces transferts permanents (dont la Grèce est déjà la deuxième bénéficiaire en Europe, après la Pologne) sont à distinguer des « solidarités de secours » face à la crise de la dette. Ils relèvent d'ailleurs de fonds tout différents, tels le Fonds européen de développement régional (Feder), alimenté par le budget européen.

pays ? Les personnes disposant de petits revenus, n'ayant ni les moyens ni les connaissances pour émigrer, sauf les plus hardis (ou les plus poussés par la nécessité) : les travailleurs migrants. C'est pourquoi l'unification économique de l'Europe, sans unification politique et notamment fiscale, depuis le vote de l'Acte unique et du traité de Maastricht jusqu'au rejet du traité constitutionnel un peu plus « fédéraliste » de 2005, s'est traduite par une baisse continue du taux d'imposition des capitaux financiers, des grandes entreprises et des grosses fortunes. Repartager les revenus tout en sortant de la crise de la dette n'est donc possible que dans une Union européenne politiquement intégrée, avec un fédéralisme budgétaire, où les impôts (du moins sur ce qui « bouge », mais pas forcément sur la propriété foncière) sont les mêmes partout. Doter les États-Unis d'un budget fédéral conséquent fut l'un des grands acquis de F. D. Roosevelt et de ses héritiers comme J. F. Kennedy et L. B. Johnson, et c'est bien ce que leur reproche encore la droite américaine des Reagan et des Bush, partisans d'un retour aux « États moins Unis » (la Californie, le Texas, etc.)

Oui, nous avons besoin d'un « super-*Glass-Steagall Act* ». Oui, nous avons besoin de combiner une politique budgétaire et monétaire active au niveau européen et une surveillance accrue des dérapages nationaux, condition *sine qua non* de la solidarité européenne. Oui, nous devons neutraliser les « paradis fiscaux ». Mais ce n'est pas suffisant.

Un repartage de la valeur ajoutée

Il y a un large consensus pour considérer que la polarisation de la richesse aux deux extrêmes, à l'échelle mondiale comme à l'échelle nationale, a aujourd'hui quelque chose d'indécent, et plus indécent encore est le discours de l'austérité, qui semble accuser les salariés et les classes moyennes appauvries de s'être gobergées ces vingt dernières années, avec des contrats salariaux « trop protecteurs ». Et cette polarisation est, on l'a vu, à l'origine de la crise des *subprime* : c'est le point commun entre la crise actuelle et la crise des années 1930. Un rééquilibrage de la distribution des revenus s'impose donc (nous disent les keynésiens) en faveur des salariés, dans l'intérêt même de la stabilité du capitalisme.

En effet. Pourtant, le repartage du PIB (afin de relancer la demande effective) n'est pas suffisant. Oui, nous sommes dans une crise keynésienne, ou une crise de « sous-consommation » à la Marx, et il faut relever la part qui revient aux salariés dans la valeur ajoutée nationale, européenne, mondiale. Mais :

– D'un côté, la redistribution ne doit pas impliquer seulement les espaces économiques nationaux, mais toute la planète. Car les travailleurs sont au Sud (ou en Chine), et les consommateurs sont au Nord. Or il n'y a pas de gouvernement mondial pour ratifier un tel *deal*.

– D'un autre côté, un super-*Wagner Act* international (ou un plan Marshall Nord/Sud), qui renforcerait le pouvoir de négociation des salariés [7], implique un autre choix qui est loin d'être secondaire. Est-ce que l'accroissement de la part mondiale des salaires doit prendre principalement la forme d'une croissance du pouvoir d'achat ou d'un accroissement du temps libre ? La réponse du fordisme, jusque dans les années 1960, fut très clairement la première option, et ce fut le choix fondateur du productivisme : priorité à la croissance de la consommation sur le temps de vivre [8]. Ce style de vie, où des horaires sans fin réduisaient le temps passé avec les siens, tout en encombrant les villes et les logis d'un flux de marchandises nouvelles (un sociologue et philosophe marxiste, Henri Lefebvre, a parlé à cette époque de « colonisation de la vie quotidienne »), suscita les révoltes de la fin des années 1960, largement dirigées contre le principe résumé par ces mots : « Perdre sa vie à la gagner. »

---

7 Rappelons que le *Wagner Act* rooseveltien, loi passée assez tardivement dans le *New Deal* (1935), ne décrète pas (et comment faire) une augmentation générale des salaires. Il renforce seulement le pouvoir de négociation des syndicats…

8 Au début de 1968, les ouvriers travaillaient en moyenne cinquante et une heures par semaine dans l'industrie française.

Après 1980, avec le retour du libéralisme et l'extension vertigineuse de l'industrialisation dans le tiers monde, le temps de travail salarié moyen mondial repartit vers des sommets.

Si la part des salariés dans la richesse produite chaque jour doit à nouveau croître demain, à l'échelle mondiale, elle ne pourra certainement pas suivre le modèle *fifties* de l'*American Way of Life*, sauf à épuiser et saccager en quelques décennies toutes les ressources naturelles de la planète, qui commencent déjà à se raréfier. Certes, la part la plus pauvre de la population, au Nord comme au Sud, a besoin d'un relèvement de son pouvoir d'achat, notamment par un relèvement des minima sociaux. La conquête du « droit à un revenu d'existence » marquera sans doute des points dans le modèle vert, mais se heurte encore aujourd'hui à la résistance populaire à l'idée d'un découplage entre revenu et activité, sauf en cas de justification manifeste (maladie, grossesse, vieillesse, chômage involontaire [9]...). En revanche, la contrainte de soutenabilité écologique implique que, dans les usines de la Chine ou de l'Inde comme dans les bureaux d'Europe, priorité soit donnée à la réduction du temps de travail. Sous différentes formes, naturellement : interdiction du travail des enfants au Sud pour commencer, réduction des heures de travail annuelles au Nord, et avancement de l'âge de la retraite partout.

Cette hiérarchie des priorités est cohérente avec la dynamique historique des luttes ouvrières. Dans un capitalisme naissant (en Europe : au XIXe siècle), les luttes sociales visent d'abord à protéger les corps des travailleurs : interdiction du travail des enfants, création de la retraite. Puis a émergé, au tournant du

9 J'ai longuement discuté ce point dans *La Société en sablier* (*op. cit.*), et j'y reviens dans *Face à la crise : l'urgence écologiste* (*op. cit.*) : la question de la « valeur du travail » comme lien social dans une société écologiste, et l'erreur qui a consisté, pour la gauche française, à ignorer la valeur que les ouvriers accordaient encore à leur propre travail et au simple fait d'« avoir un travail ». Je n'y reviens pas ici, si ce n'est un peu plus loin pour souligner que cette « valeur du travail », cette fierté dans le travail ne peuvent que croître dans un « paradigme industrieux ». Mais attention, l'activité autovalorisante n'est pas forcément... le travail salarié. D'où la pertinence du débat entretenu par les écologistes sur le revenu d'existence, ouvrant l'espace d'activités gratuites et autonomes. Pour un point récent sur ces questions, voir Camille DORIVAL, *Le Travail, non merci !*, Les Petits Matins, Paris, 2011.

XXᵉ siècle, la lutte mondiale pour la journée de huit heures, objectif des manifestations du 1er Mai, puis la semaine de quarante heures (1936 en France), etc. Cette chronologie se retrouve dans l'expérience des pays moins avancés devenus Nouveaux Pays Industrialisés dans les dernières années du fordisme (comme la Corée du Sud). Mais, dans un contexte mondial où la concurrence par la maîtrise de la technologie rejoint le souci de protéger l'intégrité physique du travailleur, ces NPI ont vite compris l'importance stratégique de la scolarisation, et donc de l'interdiction du travail des enfants. Bien des « districts industriels » du tiers monde, fondés sur la disponibilité du travail infantile à bas coût, sont morts faute de l'avoir compris.

En Europe au contraire, c'est le départ en retraite qui a fait l'objet des luttes populaires les plus récentes, car les citoyens y voient d'abord l'occasion d'une « troisième vie » vraiment libre. Et d'abord d'une vie plus longue ! Car l'épuisement et les accidents surviennent dans les dernières années de travail. En France, l'espérance de vie des hommes a gagné dix ans entre 1835 et 1982... puis encore dix ans depuis 1982 ! Rupture de rythme qui ne s'explique que par l'abaissement, à partir de cette date, de l'âge de la retraite de soixante-cinq à soixante ans [10]. Un écologiste soucieux des conditions de travail et du développement des liens entre les personnes sera sans doute plutôt favorable à une réduction de la durée du travail tout au long de la vie (à l'échelle de la semaine, de l'année, avec de nouvelles fêtes). Mais il s'agit typiquement de choix collectifs, à régler démocratiquement. Sans oublier bien entendu de compenser la

10 Ce n'est évidemment pas la seule raison : une part importante de la croissance de l'espérance de vie est acquise par le progrès de la médecine infantile. Mais ne surestimons pas les espoirs fondés sur le « progrès médical » : il est compensé par les menaces de la crise sanitaire, aux racines alimentaires et environnementales, et déjà l'espérance de vie diminue aux États-Unis (elle diminuait dans les pays de l'Est européen avant même la chute du « communisme », et la tendance ne s'est pas renversée). Les deux causalités (fatigue au travail et alimentation/environnement) se superposent dans le modèle LP : l'espérance de vie a diminué de deux ans en Allemagne, pour la tranche des revenus les plus faibles, depuis les réformes Schröder de 2001 qui ont à la fois reculé l'âge du départ en retraite et réduit les revenus sociaux, poussant le plus pauvres vers une alimentation de mois bonne qualité.

différence considérable d'espérance de vie des individus selon le genre et la classe sociale auxquels ils appartiennent.

En ce sens, le régime d'accumulation futur devra être « vert », pour autant qu'on s'intéresse au temps de travail. Mais le contenu de la demande effective elle-même devra aussi être vert, de même que le paradigme technologique présidant à l'offre.

Un régime tiré par l'investissement vert

Prenons une nouvelle fois l'exemple de l'Union européenne, puisque cette Union englobe un espace économique riche d'un demi-milliard d'êtres humains, avec d'importantes différences de revenus entre les individus, et qu'elle s'est dotée d'un minimum d'appareil d'État fédéral – certes encore tout à fait insuffisant pour mettre en œuvre le *Green Deal.*

Dans les quarante prochaines années – ordre de grandeur de la durée d'un modèle de développement –, l'Union européenne devra, selon le Giec, avoir réduit sa production de gaz à effet de serre (GES) d'un facteur 4. Cet objectif sera le taux directeur de la planification et des politiques publiques. Il implique des changements au niveau du paradigme technologique, des modèles de production, des modèles de consommation, de la logique du régime d'accumulation. Il en résulte certainement que le « progrès social » devra être mesuré par le temps libre dégagé plutôt que par la croissance de la consommation matérielle. Mais une telle sobriété sera loin d'être suffisante.

La sortie de crise exigera d'énormes investissements en nouveaux équipements économisant l'énergie et les GES émis (que ce soit dans le logement ou les transports) et de nouvelles sources d'énergie et de matières premières, propres et renouvelables. De plus, nous ne devrons pas oublier les autres crises écologiques, comme la crise alimentation/santé. Dans un modèle vert, la demande publique directe (pour les systèmes de transport) ou organisée par des politiques publiques (pour l'isolation thermique des bâtiments existants) sera dominante, et se substituera au rôle que jouait l'industrie automobile dans le modèle fordiste. En revanche, la branche du bâtiment y jouera un rôle équivalent, mais elle sera organisée très différemment : au lieu de la production en longues barres de grands ensembles, il s'agira de rénover la totalité du parc existant par des opérations quasi chirurgicales.

Comme il faudra par ailleurs enrayer la crise alimentation-santé par une restructuration de l'agriculture vers le bio et la proximité, et un développement capillaire des politiques de prévention des maladies par l'amélioration de l'environnement, et dans la mesure où il faudra également reconstruire (mais différemment) les grands services publics collectifs démantelés par le libéralisme, tels que l'éducation ou l'hôpital [11], on voit qu'à l'arrivée, la part de la production de « biens communs » va croître nettement par rapport à la production de marchandises privatives. On appelle « bien commun » un bien auquel les usagers accèdent librement sans se gêner les uns les autres, tant qu'ils respectent certaines limites. La théorie et l'expérience montrent que la meilleure méthode pour les gérer n'est pas nécessairement de les découper et de les vendre par parcelles, mais, la plupart du temps, de les produire collectivement, sur décision collective et financement public, et de les préserver par des règles d'usage selon quelque arrangement institutionnel [12].

Donc, le modèle vert ressemblera à une « économie mobilisée [13] », c'est-à-dire pilotée par la demande, et principalement

11 Pour un panorama effrayant de la situation française, voir Laurent Bonelli, Willy Pelletier (dir.), *L'État démantelé. Enquête sur une révolution silencieuse*, La Découverte, Paris, 2010.

12 Le prix Nobel 2009 a salué ce courant de recherches en la personne d'Elinor Ostrom. Voir par exemple son ouvrage *La Gouvernance des biens communs. Pour une nouvelle approche des ressources naturelles*, De Boeck, Bruxelles, 2010.

13 On appelle ainsi une économie où la demande effective préexiste à l'offre, souvent de manière assez impérative, comme dans l'économie de guerre. Le plein-emploi est en général assuré, le risque principal est alors la formation de pénuries dans les secteurs « amont » et les branches non prioritaires. L'économiste hongrois Janos Kornai en est le grand théoricien. Voir son ouvrage *Growth, Shortage and Efficiency*, Basil-Blackwell, Oxford, 1982.

par une demande publique ou semi-publique. Du point de vue de la régulation, cela soulèvera de nouveaux problèmes. Ils sont très similaires à ceux de la Reconstruction (période 1945-1950), de par l'importance de la programmation publique, avec tout ce que cela implique (mise en cohérence, contrôle des citoyens sur les choix des technocrates, crédibilité des engagements et des financements). Mais ces problèmes concerneront des agents plus décentralisés que lors de la Reconstruction : les ménages et les entreprises luttant pour protéger leur revenu du prix croissant des énergies « sales », les autorités locales sommées de se doter de systèmes de transports en commun...

Les écotaxes et les marchés de permis (c'est-à-dire la planification en prix ou en quantités) seront d'un grand secours pour réguler des processus de décision décentralisée. Mais, pour une administration locale, pour une firme ou pour un ménage, il n'est pas suffisant d'être « incité à investir » dans des dispositifs économisant l'énergie ou les GES. Ces agents auront besoin de crédits car ils doivent investir au plus vite pour en espérer des revenus ou des économies futurs. Le modèle vert sera aussi une économie de crédit ! Mais, contrairement au modèle libéral-productiviste, les dettes contractées et les mécanismes de prêt devront être strictement orientés selon les besoins d'investissements sociaux et écologiques. Comme lors de la Reconstruction et dans la période fordiste, la sélectivité du crédit et de la création monétaire sera la bienvenue. Le plus simple est d'imaginer une distribution de « monnaie à bon marché » (c'est-à-dire des prêts à long terme et à bas taux d'intérêt) par la Banque européenne d'investissement, orientée selon des critères verts sous contrôle parlementaire, avec la possibilité, pour cette BEI, de se refinancer au taux réel de 0 % auprès de la BCE.

Un paradigme intensif en emplois

En général, les « économies mobilisées », c'est-à-dire guidées par la demande semi-publique, sont extrêmement créatrices d'emplois, à cause d'une propension à consommer et à investir qui est proche de un ou au-dessus de un (ce qui est précisément la définition d'une économie de crédit !) [14]. Des études ont déjà été réalisées pour un programme typiquement vert dans l'Union européenne (réduire de 30 % les émissions de CO_2 d'ici 2020 et obtenir un taux de 40 % d'agriculture biologique locale). Rassemblant les évaluations de la Commission européenne et de la Confédération européenne des syndicats, Pascal Canfin [15] a estimé qu'il en résulterait un excès de 10,5 millions d'emplois (pour toute l'Union européenne) par rapport au simple prolongement du modèle antérieur.

Par exemple, la « destruction créatrice » accompagnant la révolution verte dans les transports supprimerait 4,5 millions d'emplois dans la production de voitures individuelles, mais en créerait 8 millions dans les transports collectifs. En effet, le nouveau modèle devra se doter de sites propres, de rails, de trains, de métro, de tramways, de bus, et en plus conduire tous ces véhicules, ou contrôler leurs déplacements automatiques.

C'est une évaluation très intéressante, qui montre que la création d'emploi n'est pas liée seulement à l'effet de « mobilisation » (la commande publique). Il s'agit là de quelque chose de plus profond : le retournement d'une tendance qui semblait emporter le capitalisme depuis le XIXe siècle, la domination de la grande industrie, avec la déqualification du travail devant le système automatique des machines. La conversion verte de l'économie semble exiger une tout autre dynamique du rapport salarial, et du travail en général. À la révolution industrielle succéderait une « révolution industrieuse ».

Repartons de cette évaluation sur les emplois dans le transport. D'abord, elle confirme que « l'écologie n'est pas ennemie de l'emploi ». Plus précisément, elle semble indiquer une

---

14 La « propension » à investir ou consommer (par rapport au revenu dont on dispose) est le paramètre fondamental qui détermine le niveau d'activité dans les économies tirées par la demande, qu'étudie la théorie keynésienne. Pour les propriétaires de capitaux, elle est nettement inférieure à un (ils « ne savent pas quoi faire de leur argent »).

15 Pascal Canfin, *Le Contrat écologique pour l'Europe*, Les Petits Matins, Paris, 2009.

décroissance de la productivité apparente du travail dans le secteur des transports : il faut plus de travail pour rendre le même service ! En réalité, cette illusion statistique masque et révèle plusieurs tendances.

1) Les gains de productivité du travail, historiquement, ont été obtenus en combinant, avec le travail, toujours plus de capital (les machines, etc.) et de « nature », la « nature » désignant les dons de l'environnement (la « terre », en économie classique) [16]. Plus on fera d'économie sur le facteur nature, plus il faudra des techniques intensives en travail : un tournant vert dans le modèle de développement substituera du travail aux ressources naturelles (l'énergie). Et ce travail sera moins « industriel » (comme les chaînes d'assemblage de voitures) et plus « artisanal », ou plutôt « industrieux » (c'est-à-dire fondé sur le travail direct et qualifié). Les équipes de montage de tramways ou de bus travailleront sur des séries plus courtes et donc plus « artisanalement », de même dans la construction des infrastructures dédiées, la conduite des bus, et, dans le secteur du bâtiment, la pose du matériel d'économie ou de production d'énergie dans les immeubles.

2) Ce tournant très important dans le paradigme technologique nécessitera la mobilisation de l'appareil de formation professionnelle, en continu. Car les tâches assez complexes qui seront dorénavant celles des travailleurs, même manuels, exigeront une qualification correspondant à une transformation technologique rapide, avec une évolution si profonde des métiers qu'elle serait actuellement considérée comme des changements de métier ! Nous ne savons pas comment évolueront par exemple les techniques d'isolation des bâtiments, de pose de capteurs solaires, etc. Si, de plus, on prend en compte le fait que les employeurs seront souvent de petites et moyennes entreprises, qui se disputeront la fidélité des travailleurs qu'elles auront formés, on mesure l'évolution des relations

16 En économie, cette substitution est représentée par les « fonctions de Cobb-Douglass », façon grossière de mathématiser le paradigme technologique.

professionnelles que cela implique. Le travailleur portera la qualification avec lui, et la fera progresser avec son expérience, qui deviendra (en fait, *re*deviendra) un bien commun de sa région. Le syndicalisme, les conventions collectives, les droits nouveaux (et notamment la sécurisation des parcours professionnels) devront s'adapter à cette évolution, où le territoire prendra le pas sur la branche industrielle.

3) Par ailleurs, la « nature » (ou, comme disait Marx, les conditions générales extérieures de l'accumulation capitaliste) inclut le temps libre des travailleurs. La différence entre les voitures et les tramways, pour les trajets domicile/travail, c'est que des salariés conduisent les tramways, tandis que le salarié qui se rend au travail conduit sa voiture gratuitement au bénéfice de son employeur. Il y a donc un travail caché et non payé dans les transports individuels [17]. Mais cela signifie que le collectif de travailleurs du service transport remplace une fonction que l'individu a l'habitude de prendre en charge lui-même : il rend un service interpersonnel (avec parfois les affrontements que cela implique !), qui n'est certes pas celui du médecin ni même du coiffeur, mais n'est pas non plus un geste purement industriel. De même, les équipes se rendant chez les habitants pour isoler leur logement rentrent dans leur intimité. La pression du « client qui n'attend pas », utilisée par le libéral-productivisme contre les salariés, se transforme en pression de face à face du client qui demande que le travail soit fait proprement, en prenant le temps qu'il faut.

4) La même illusion statistique se produit quand une femme cesse de s'occuper gratuitement de ses enfants, ou des personnes âgées ou dépendantes de sa famille, et les confie à la crèche ou à des aides à domicile. Un modèle vert remplacera une partie de ce travail caché de « production de la vie quotidienne », dans le cadre du patriarcat, par du travail « externe »,

---

17 Pour une critique plus systémique de la priorité aux véhicules individuels, voir Denis Baupin, *Tout voiture, no future !*, L'Archipel, Paris, 2007.

non pas de nettoyage, mais de soin, de souci d'autrui [18]. Le modèle vert sera un modèle intensif en emplois « quaternaires » (services à la personne), non délocalisables et non automatisables, qui serait donc fort coûteux pour l'usager dans le cadre d'une économie de profit sans avantages fiscaux ni subventions. Seules les classes les plus aisées peuvent envisager cette solution. La solution générale sera nécessairement à trouver dans les formes associatives dont nous parlerons plus loin : l'Économie sociale et solidaire. Mais, ici encore, nous relevons les mêmes caractéristiques de l'évolution du travail : plus artisanal ou plus industrieux, plus qualifié, plus local, plus « en face à face » avec le client ou l'usager.

Il s'agit bien d'un « paradigme technologique » nouveau, englobant une large gamme d'activités. On l'assimile souvent à la « société de la connaissance ». Ce titre évoque les études supérieures, les nouvelles technologies, ce qui représente en effet une partie des évolutions probables. Mais les exemples que nous venons de considérer montrent que ce « savoir » relève tout autant du savoir-faire et du relationnel !

Mais revenons à l'aspect quantitatif de la question de l'emploi. De nouvelles études menées par Philippe Quirion [19]

---

18 Sur cette distinction entre le *clean* (le travail des femmes de ménage) et le *care* (le travail des aides à la vie sociale à domicile), voir François-Xavier DEVETTER, Sandrine ROUSSEAU, *Du balai ! Essai sur le ménage à domicile et le retour de la domesticité*, Raison d'agir, Paris, 2011. Ne pas confondre en outre les aides (salariés) à domicile et les « aidants familiaux », membres de la famille qui pallient les pénuries en services hospitaliers ou accueil des personnes dépendantes. Certes, le *care* pour sa famille est une bonne chose, tant qu'il ne mobilise pas une part trop grande de la vie de l'aidant (qui est en général une aidante), et qui demande respect, assistance et formation, mais dans le modèle LP, il représente souvent un retour au patriarcat de toujours...

19 Il s'agit d'études menées au Cired, laboratoire du CNRS, sur demande du WWF ou des élus écologistes, forme en soi intéressante de « pilotage par la demande sociale ». Voir Philippe QUIRION, « – 30 % de CO_2 = 684 000 emplois. L'équation gagnante pour la France », 2010, texte disponible sur <www.centre-cired.fr> et « Impact sur l'emploi de la réduction des émissions de CO_2 en Île-de-France », 2010, texte disponible sur <http://europeecologie.eu>. Ultérieurement, une équipe conjointe OFCE-Ademe a construit un modèle de type keynésien à 37 secteurs, qui permet dorénavant de tester les politiques de *Green Deal* pour la France (voir Gaël CALLONNEC, Frédéric REYNÈS, Yasser YEDDIR-TAMSAMANI, *Presentation of the Three-Me Model : Multi-Sector Macroeconomic Model for the Evaluation of Environmental and Energy Policy*, OFCE, Working paper, n° 10, mai 2011). Par exemple, un programme d'application de l'écotaxe carbone type Commission Rocard, recyclée dans une politique

ont transposé le même programme vert européen pour 2020, d'abord pour l'économie française, ensuite pour l'Île-de-France, en utilisant un modèle économique combinant une matrice « entrées-sorties » distinguant entre les emplois directs et les emplois indirects (pour les infrastructures et équipements), et un second tour d'effets de créations d'emplois « induits » keynésiens (dépensant moins d'argent en carburant, les ménages créent des emplois locaux avec leur pouvoir d'achat augmenté). Ces études confirment le caractère riche en emplois du modèle de développement vert : de l'ordre de 680 000 emplois de plus que dans le scénario tendanciel (« Continuer comme avant »), dans le meilleur des cas. L'étude de différentes variantes montre en effet que le résultat est très sensible à plusieurs paramètres :

– Le prix du pétrole : il est clair qu'un nouveau choc pétrolier permanent et structurel déprimera le reste de la demande des ménages. Les emplois induits par les économies d'énergie augmenteront donc.

– Les ambitions quant à la vitesse de transition vers une économie « décarbonée ». Bien sûr, si l'on fixe un objectif de 40 % de réduction du CO_2 en 2020 (scénario A1B du Giec), cela crée beaucoup plus d'emplois que dans l'objectif européen adopté en 2008 (– 20 %). La réduction des ambitions écologistes intervenue alors fut un mauvais coup pour l'emploi.

– La disponibilité de crédits. Une première variante suppose une stabilité de la dette publique. Une seconde variante fait la supposition que 50 % des impératifs d'investissement post-Kyoto peuvent être empruntés à un taux d'intérêt très bas. La seconde variante crée beaucoup plus d'emplois induits car, dans la première variante, la hausse des impôts absorbe la réduction de la facture en carburant pour les ménages.

---

d'économies d'énergie, avec arrêt d'un réacteur nucléaire par an à partir de 2012, diminue de 1 % les dépenses de consommation courante des ménages et augmente les investissements en logements et transports en commun, augmente d'un point la croissance du PIB, réduit de 4 % le déficit public en 2015, tout en réduisant de 33 % la production de CO_2 (par rapport à 2000) en ajoutant 1,1 million d'emplois à l'horizon 2020.

Nous voilà de nouveau face au problème de la *New Money* ! Encore un peu de patience : voyons d'abord ce qu'il en est des aspects internationaux du *Green Deal.*

Un régime international coopératif

Bien sûr, nous avons besoin d'un *Green Deal* entre le Nord et le Sud (le Sud étant lui-même divisé entre pays émergents et pays moins avancés). Les États-Unis et la Chine découvriront bientôt les aspects pervers de leur attitude non coopérative en ce qui concerne le changement climatique. Mais nous ne savons pas quand, et c'est la principale menace sur le futur de l'humanité. S'ils acceptent de coopérer, l'Inde et les autres pays émergents suivront. Le compromis pourrait être le suivant [20] :

– une dotation soutenable de quota de GES devrait être fixée à l'horizon 2050, en proportion de la population de chaque pays [21] ;

– chaque pays dépassant sa limite de soutenabilité serait obligé d'entrer dans le programme international de réduction ;

– à l'intérieur de ce cadre (soit : une fois fixées les émissions mondiales annuelles) un marché des quotas inutilisés dans certains pays (et demandés par d'autres pays) peut être autorisé ;

– considérant la « dette écologique » (c'est-à-dire le fait que le stock actuel de gaz à effet de serre d'origine humaine dans l'atmosphère a été principalement émis, dans le passé, par les vieilles nations industrialisées), les pays développés aideront les PMA à adapter leurs systèmes d'énergie et de transport, par des transferts financiers.

---

20 Pour un exposé plus détaillé sur ce point, à partir les différentes positions sur la scène géopolitique, et prenant en compte les raisons du blocage mutuel des États-Unis et de la Chine, voir mon livre *Qu'est-ce que l'écologie politique*, *op. cit.*

21 La dotation soutenable se calcule en divisant la capacité totale de recyclage des GES dans l'écosystème terrestre (fixation du CO_2 par les plantes, les océans…) par le nombre d'habitants que comptera la population vers le milieu du siècle.

Si l'on se tourne à présent vers les problèmes de redistribution capital-travail à l'échelle internationale, il est clair qu'un *Wagner Act* mondial (une loi sur les relations capital-salariés) est extrêmement difficile à mettre en œuvre, du fait de la concurrence par les bas salaires, le *dumping social* ! D'où l'importance cruciale du fédéralisme européen. Une Europe fédérale ne sera pas spontanément plus sociale que la France de Nicolas Sarkozy ou les États-Unis de George W. Bush. En revanche, il est devenu difficile de mener une politique de redistribution sociale conséquente sans le faire de manière coordonnée au niveau européen. D'où le soutien de la presse financière internationale au « Non » de 2005. Mais que faire au niveau mondial ?

Nous devrons probablement nous résoudre à attendre un sursaut majeur des luttes sociales en Chine et dans les nouveaux pays industrialisés. Il pourrait cependant être favorisé par des clauses sociales sur le libre-échange (et la même chose est vraie pour les pays réticents à rejoindre un traité sur le changement climatique) : ne seraient ouverts au libre-échange que les pays qui respectent les normes sociales mondiales, définies par l'Organisation internationale du travail. Une forme de *Wagner Act*, en somme, mais simplement garantie par un « sas » entre les pays qui l'acceptent et ceux qui ne l'acceptent pas.

Ce qui nous mène au problème de la « relocalisation » de la production. L'argument contemporain n'a rien à voir avec la vague protectionniste de 1930. Il ne s'agit *pas* de réserver les marchés nationaux rétrécis à la production nationale (ni même continentale). La première raison pour limiter les circuits internationaux de marchandises est environnementale : limiter l'énergie consommée et les GES produits dans le cycle de vie des produits (de la production à la consommation et à l'élimination), en particulier lors du transport. Une bonne régulation possible, aujourd'hui acceptée par la Chine, serait d'évaluer le quota de GES affecté à un pays, non plus selon les émissions de GES provoquées par la production dans ce pays, mais à travers son empreinte écologique, c'est-à-dire les GES produits n'importe où pour satisfaire la consommation de ce pays [22].

La deuxième raison est de lutter contre le *dumping* social et environnemental : inciter tous les pays à converger vers les mêmes normes de répartition et de protection de l'environnement. Il n'y a pas de raison valable pour un protectionnisme entre pays voisins dont les coûts salariaux sont équivalents. Le résultat d'un système de normes internationales en matière écologique et sociale n'est pas d'éliminer des concurrents, mais de les pousser à adopter ces normes, au bénéfice commun des salariés des pays importateurs et exportateurs, et de tous les habitants de la planète. Si la réticence des classes dominantes d'un pays amène son gouvernement à refuser ces normes, il peut y avoir recours au protectionnisme de la part des autres pays (au lieu de profiter du bas prix de sa production), mais ce protectionnisme est un moyen de pression en faveur des habitants et salariés de ce pays : un « protectionnisme altruiste » !

Effacer le passé, financer l'avenir

Nous pouvons à présent revenir enfin à la finance ! Le problème est d'annuler une partie des dettes pendantes, attachées au modèle caduc, sans ruiner le système bancaire, nécessaire pour avancer la *New Money*. La meilleure solution, à mes yeux, est d'accepter, dans des conférences internationales, que certaines dettes ne seront jamais remboursées (au moins avant un long délai), et d'annuler ou de rééchelonner ces dettes. Les créditeurs (les banques et les fonds d'épargne

22 Lorsque j'étais rapporteur de la directive intégrant l'aviation dans le système européen des quotas, la Chine et les États-Unis s'opposèrent avec violence à l'idée de « faire acheter un quota d'entrée » à leurs avions se posant en territoire européen. L'Union européenne passa outre. À Copenhague, la Chine a demandé que les GES contenus dans ses exportations soient inclus dans le quota du pays importateur… ce qui aurait précisément été dans la logique de la décision européenne concernant l'aviation ! Tournant qui traduit une inflexion du regard de la Chine sur son propre rôle futur : d'atelier du monde, à principal marché du monde.

cherchant à se placer, par exemple les fonds de pension) ne doivent toutefois pas être conduits à la faillite à cause de cette décision, car alors nous reviendrions à 2008 et au *credit crunch*, à l'assèchement du crédit !

La façon la plus douce est la monétisation de ces dettes, c'est-à-dire leur rachat par les banques centrales en échange de la monnaie qu'elles émettent. Mais avec trois obligations : prendre en compte la dépréciation des titres qui traduit l'annulation partielle de la dette, geler une part de la nouvelle monnaie afin de limiter l'inflation [23], et enfin flécher une partie de cette *New Money*, obligatoirement, pour financer la conversion verte. Dans le cas de l'Union européenne, voici quelle pourrait être la réponse institutionnelle :

– la BCE rachèterait les dettes pendantes à un taux réduit, prenant en compte notamment la dépréciation constatée sur le marché et le *spread* préalablement prélevé sur ces dettes (car ce *spread* était justement une assurance sur la dépréciation) ;

– 20 % (par exemple) des euros accordés en échange seraient bloqués dans les comptes du système européen des banques centrales (à taux d'intérêt réel nul) [24], et affectés à des agences spécialisées, au service de la sortie de la crise en Europe.

En effet, on ne solde pas d'un coup le passé ! Pendant un certain temps, les pays entrés dans la crise en position de faiblesse auront besoin à la fois d'un soutien dans la résorption de leur déficit de fonctionnement et, comme tous les pays, d'un soutien dans leurs investissements d'avenir, en particulier pour la conversion verte. Ces deux missions sont la vocation de deux institutions, l'une récente, le Mécanisme européen de stabilité

---

23 Beaucoup s'imaginent qu'une vague d'inflation permettrait de dévaloriser sans douleur les dettes en cours. Le problème, bien illustré par la fin du « modèle de substitution aux importations » dans l'Amérique latine des années 1980, est que, dans un modèle libéral, les salaires sont beaucoup moins bien indexés que les revenus financiers. L'inflation s'est alors traduite par une baisse affolante des revenus les moins bien indexés. Ce ne serait pas l'« euthanasie des rentiers », mais des petites gens percevant une retraite en capitalisation, et des salariés précaires.

24 Attention, ces fonds ne sont pas confisqués, ils restent comptés dans les réserves des banques, et même dans leur *first core tier*, la partie la plus solide de leurs réserves, et doivent rester mobilisables en cas de menaces sur la banque propriétaire.

(appelé à succéder au Fonds européen de solidarité financière, à peine plus ancien) et l'autre remontant à la création du Marché commun, ancêtre de l'Union européenne, à l'époque du développement fordiste : la Banque européenne d'investissement. Ces deux institutions se partagent le travail dévolu, au niveau international, au FMI et à la Banque mondiale : au FESF (et au MES) le court terme et le secours aux budgets en déficit, à la BEI l'investissement pour le « développement ». Elles doivent l'une et l'autre avoir accès, en outre, aux crédits à taux nul dont la BCE a le monopole.

Car autant on peut se défier d'un financement direct des États impécunieux par la planche à billets, autant il est inadmissible que les trésors publics nationaux (et à travers eux les contribuables) soient moins bien traités par la Banque centrale que les banques privées. La BCE prête à des banques privées à des taux d'intérêt dérisoires, « pour les aider », et refuse aux États le financement direct « pour ne pas les induire à commettre d'imprudences » ? Une conception pour le moins sélective de la lutte contre l'aléa moral ! Les citoyens européens comprennent de moins en moins comment la Banque centrale, qui est responsable devant eux (et non l'inverse), peut tolérer que les banques privées ainsi aidées à 0 % reprêtent aux États à 3 %, voire 7 % et plus. Ce *spread* ne peut pas représenter une fragilité des États supérieure à celle des banques, puisque justement la BCE renfloue ces banques à 0 % afin de leur éviter la faillite !

Si donc l'on s'en tient à l'argument, très défendable quant à lui, que dans une pure monnaie de crédit il faut des règles prudentielles strictes, alors il faut admettre que ces deux institutions offrent aux États la « première signature » (l'évaluation des efforts de l'emprunteur pour assainir son budget de fonctionnement, et la pertinence de ses investissements verts) et leur refinancement auprès de la BCE est l'occasion de la « seconde signature » (accordé selon une analyse macroprudentielle par la BCE). Chacune de ces deux étapes nécessite un contrôle démocratique ; aucune ne justifie des taux supérieurs au taux de base de la Banque centrale.

Reste l'ultime objection : la Banque centrale d'une zone monétaire qui adopterait, afin d'éviter une crise systémique, une politique monétaire trop accommodante, risquerait de voir sa monnaie se déprécier, puisqu'elle représenterait des valeurs qui n'existent plus. Eh bien oui ! Et c'est d'ailleurs la méthode qu'emploient depuis belle lurette les États-Unis : c'est leur façon à eux d'annuler une partie de leur dette extérieure. Et, avantages annexes non négligeables, avec cette monnaie qui garde sa valeur interne, ils investissent, peut-être à tort et à travers et, avec leur monnaie dévaluée, ils exportent. C'est ainsi qu'ils ont pu, partiellement, enrayer la chute de leur compétitivité vis-à-vis de l'Europe et du Japon. Au contraire, l'Union européenne a vu sa monnaie s'apprécier entre 30 % et 40 % depuis sa création : pas sûr que ce soit une bonne politique industrielle…

Toutefois, les banques centrales pourraient même se trouver en difficulté les unes vis-à-vis des autres. C'est la crainte qu'expriment les agences de notation quand elles dégradent la note du Trésor américain. Dès lors il faut un « prêteur en tout dernier ressort des prêteurs en dernier ressort » : le FMI, qui doit être autorisé à émettre sa pure monnaie de crédit (actuellement appelée « droits de tirages spéciaux »), comme ultime forme de concours à l'économie mondiale, et comme monnaie de réserve indépendante des fluctuations de la parité d'une monnaie particulière, si importante soit-elle [25].

La crise anthropologique et l'économie sociale et solidaire

Il est une crise dont nous n'avons pas encore parlé car elle ne joue pas un rôle direct dans cette grande crise de la fin des années 2000. On l'appelle parfois « crise anthropologique »

25 Ne nous cachons pas l'extrême niveau de coopération internationale qu'exige cette réforme, que Keynes n'avait pu obtenir à Bretton-Woods, en 1944. Il n'est pas impossible que la Chine privilégie par exemple l'hypothèse d'un « *Yuan Exchange Standard* ».

car elle concerne les aspects les plus profonds de la vie humaine en société. On peut la résumer par ses deux facteurs les plus manifestes : la solitude et le vieillissement. L'un et l'autre frappent plus particulièrement les pays de la vieille Europe [26].

Les excès de l'individuation. Si l'on cherche à creuser au fond des choses, l'une et l'autre dérivent d'un processus qui a scandé le progrès humain dans la civilisation occidentale : l'individuation. C'est-à-dire que l'individu, la réalisation de soi, ont pris de plus en plus d'importance par rapport aux liens de la communauté. Historiquement, ce progrès, accéléré par la Cité antique et par le christianisme, est peut-être même à l'origine des succès de l'Europe. À un ordre ancien, organisé par des règles communautaires où chacun avait sa place, ont succédé progressivement des sociétés d'individus libres, nouant entre eux des liens contractuels. Ces liens contractuels se réduisirent progressivement à deux formes : soit le lien à l'État, lui-même conçu comme résultant d'un pacte social, soit le lien marchand entre producteurs, salariés et consommateurs échangeant biens et services contre monnaie.

Ainsi reliés par l'État et le marché, les libres individus se firent, pour certains d'entre eux du moins, libres entrepreneurs. C'est la philosophie du XVIIIe siècle (le siècle des Lumières) qui systématisa cette représentation de la société. Les sociologues matérialistes (en particulier les marxistes) affirmèrent au contraire que c'est le développement d'une classe

---

26 Remarquons toutefois que, sans avoir réellement pesé sur la crise européenne, la nécessité future de payer les retraites est parfois brandie, dans la dramaturgie de la crise, par les partisans de « faire payer les dettes publiques aux classes populaires », comme une sorte d'engagement hors bilan pesant sur les budgets publics. C'est assez cocasse : dans dix ans, dans vingt ans, il faudra toujours construire des tramways, entretenir des routes, faire fonctionner des écoles, une police. Pourquoi considérer que la nécessité de payer les retraites présente un cas particulier d'engagement à compter dès aujourd'hui comme une dette ? L'évolution de la démographie appellera inéluctablement une répartition nouvelle des revenus par classe d'âge, et le financement des retraites sera un problème de répartition parmi d'autres. Voir Pierre CONCIALDI, *Retraites : en finir avec le catastrophisme*, Lignes de repères, Paris, 2010 ; Gérard FILOCHE, Jean-Jacques CHAVIGNÉ, *Une vraie retraite à soixante ans, c'est possible*, Jean-Claude Gawsewitch éditeur, Paris, 2010.

d'entrepreneurs urbains (les bourgeois) qui engendra cette idéologie. Nous n'entrerons pas dans ce débat de la poule et de l'œuf. Toujours est-il que, dès le début du XIXe siècle, les classes populaires réagirent aux effets pervers qu'avait pour elles-mêmes cette exaltation de la liberté de l'individu. Certains en appelèrent aux vieilles solidarités organiques, communautaires, de la société d'Ancien Régime, mais peu à peu la majorité, par dégoût ou par nécessité, se détourna des liens ancestraux que représentaient la famille et l'Église [27].

Refusant à la fois l'État, le marché, la famille et l'Église, ces militants des nouveaux mouvements urbains engagés dans le salariat inventèrent une utopie concrète : la libre association volontaire. Celle-ci prit de multiples formes : le syndicat pour la lutte, la mutuelle pour la vie quotidienne, la coopérative pour produire et consommer, l'association pour débattre et agir. Pendant tout le XIXe siècle et le début du XXe, la question sociale resta essentiellement centrée sur celle du travail salarié, et tout cet « associationnisme ouvrier » se rassembla dans la « lutte de la classe ouvrière », à la recherche de formes de production et de vie sociale qui lui seraient propres.

Aujourd'hui, les excès mêmes de l'individuation, combinés avec la disparition de cette forme de socialisation qu'était l'entreprise (devenue « invivable » du fait même des excès du libéralisme) poussent de nombreux citoyens à reconstituer cet associationnisme, mais sans lien avec l'entreprise, dans des mouvements de citoyens qui sont la plupart du temps des mouvements de citadins. Et ces mouvements, aujourd'hui comme

---

27 La réaction, communautariste, voire cléricale, aux excès du modernisme bourgeois se reproduit avec la même vigueur dans les pays longtemps restés « traditionnels », et qui sont aujourd'hui bouleversés par une urbanisation, une prolétarisation et une individuation rapides. Cette réaction identitaire se constate dans les pays musulmans, en Inde… Naturellement, ces retours de flamme « religieux » de l'islamisme politique urbain (ou du pentecôtisme dans le reste du monde) ont peu à voir avec les liens communautaires de la famille et du village traditionnels. C'est plutôt une sorte de supplément d'âme recherché par la foule des individus en quête de sens collectif. Les fascismes européens des années 1930 mobilisèrent aussi les aspirations pseudo-communautaristes (*volkisch*) des individus désorientés. Ce qui ne signifie nullement qu'une aspiration à retisser des liens dans la communauté soit condamnable ni même nécessairement dangereuse !

au début du XXe siècle, visent à fournir à la communauté absente les services qu'elle réclame, et que ne lui offrent ni l'État ni le marché. Le nouvel associationnisme, comme l'ancien, apparaît à la fois comme une alternative productive et une nouvelle forme de liens sociaux, sur une base volontaire [28].

Et, précisément, les individus ont besoin de retisser des liens pour rompre la solitude. Une solitude qui n'est pas qu'un sentiment psychologique, mais la réalité d'un désarroi, d'un isolement face à une situation qui se dégrade, « des problèmes qui s'accumulent sans que *personne* ne s'en occupe ». « Personne » : ni l'État ni aucune entreprise sur le marché. Et bien entendu, ni la famille ni l'Église. Ainsi, les succès mêmes de la laïcité, dans son insistance à refouler l'Église et confier à l'État le soin des enfants, des malades et des vieillards, les succès des luttes féministes pour s'affranchir des obligations « naturelles » que leur imposait le patriarcat (s'occuper de leur famille, entretenir le ménage et la courée), ces succès-là se retournent aujourd'hui contre les individus, dégradant leur situation matérielle et leur sentiment de sécurité ou d'appartenance [29]. L'État providence fordiste avait bien tenté de « s'en occuper », mais il fut alors critiqué pour son comportement bureaucratique, et il a été depuis démantelé par le libéral-productivisme [30].

---

28 Les travaux de Patrick VIVERET (*De la convivialité, Dialogues sur la société conviviale à venir*, ouvrage collectif avec Alain CAILLÉ, Marc HUMBERT, Serge LATOUCHE, Patrick VIVERET, La Découverte, Prais, 2011) et de Tim JACKSON (*Prospérité sans croissance. La transition vers une économie durable*, De Boeck, Bruxelles, 2010) insistent particulièrement sur la « richesse » de ces liens dans un projet écologiste.

29 Sur la question délicate des rapports entre le féminisme et la récente revalorisation du *care*, voir Selma SEVENHUIJSEN, *Citizenhip and the Ethics of Care. Feminist Considerations on Justice, Morality and Politics*, Routledge, Londres / New York, 1998 ; Isabelle GUÉRIN, *Femmes et économie solidaire*, La Découverte, Paris, 2003.

30 Cette destruction de l'État providence fut plus précoce dans les pays du tiers monde qui avaient suivi le modèle de substitution aux importations latino-américain. Dans les pays musulmans (la Turquie après Atatürk, l'Égypte après Nasser, etc.), les militants islamistes « savaient faire » pour prendre le relais de l'action sociale, et ont ainsi conquis rapidement une large assise populaire. En Amérique latine, l'Église « ne savait plus faire », et l'associationnisme populaire prit le relais. Mais quand les coopératives sociales durent affronter, dans l'Argentine du début des années 2000, la mission d'assurer la survie d'un peuple entier dans les décombres de l'économie, elles furent contraintes d'appeler à la rescousse une Église pourtant particulièrement réactionnaire.

Même si la tentation est grande d'une réaction communautariste (et particulièrement illustrée par les groupes sociaux les plus récemment entrés dans le processus d'individuation), il est probable que les individus du XXIe siècle chercheront pour la plupart à sauvegarder les acquis de la liberté individuelle dans la réalisation de soi, mais en retissant, sur la base du volontariat, la chaleur d'une communauté librement consentie.

L'économie sociale et solidaire. Un des secteurs les plus disputés entre la famille, l'Église, l'association et l'État est certainement le soin (le *care*) des plus faibles : les malades, les enfants, les personnes âgées. En France, le partage des responsabilités s'est traduit par des lois fondatrices : reconnaissance de l'association, séparation de l'Église et de l'État, éviction des congrégations religieuses des hôpitaux et de l'école, interrogation sur qui devait les remplacer, compétition entre l'associationnisme et la croissance du service public d'État. La Reconstruction de 1945 a vu l'institutionnalisation d'un compromis complexe, où l'État confiait à l'association et à la mutuelle la mise en œuvre de ses politiques sociales, tout en assurant, par un accord tripartite avec les syndicats et le patronat, les aspects strictement redistributifs ou particulièrement lourds (l'hôpital). L'associationnisme se trouva donc satellisé par l'État. Les quelques secteurs coopératifs qui avaient survécu aux bouleversements de la première partie du XXe siècle se virent progressivement normalisés dans un statut d'entreprises un peu particulières.

Avec la crise du fordisme cependant, et le dégagement concomitant de l'État, l'associationnisme reprit du poil de la bête sous un aspect tantôt créatif (les petites coopératives de professionnels qualifiés), tantôt orienté vers la survie (les entreprises d'insertion, par exemple). À partir du début des années 1980, on parle de « tiers secteur » (entre le public et le privé) ou d'économie autonome ou alternative pour désigner ces formes d'entreprenariat social. À partir de tout ce bouillonnement, marqué par une rivalité un peu pesante entre l'associationnisme établi (celui des grandes mutuelles, des grandes associations de gestion de la politique sociale d'une part, et les jeunes pousses de l'économie alternative et autonome d'autre part), se cristallisa à la fin des années 1990 une sorte de mariage de raison : l'économie sociale et solidaire [31]. « Social » désigne ici une certaine forme d'organisation de l'économie, en unités régies par deux principes : « une personne, une voix » à la direction et la lucrativité limitées (l'essentiel des excédents d'exploitation, s'il y en a, doit être accumulé dans le même but social). « Solidaire » désigne l'orientation, le but de l'activité : le service de la communauté.

En France comme au Québec ou en Argentine [32], la « jeune économie solidaire » pouvait compter sur un certain soutien institutionnel, voire financier, du puissant mouvement mutualiste et des associations ayant pignon sur rue depuis un siècle, lesquelles pouvaient se targuer de l'esprit « solidaire et militant » de la première pour justifier le statut particulier (et notamment fiscal) qu'elles avaient hérité de leur lointaine jeunesse.

Quelle est en effet la justification des subventions ou dégrèvements fiscaux dont bénéficient, dans de nombreux pays, les organismes économiques de type associatif ou coopératif ? Il n'y a pas grande justification à invoquer leur fonctionnement interne. Que la gouvernance d'une entreprise soit charismatique, paternaliste, démocratique ou bureaucratique intéresse au plus haut point le bien-être de ses salariés, et il peut être légitime d'utiliser l'instrument fiscal pour encourager les entreprises à adopter la meilleure organisation possible pour les personnes qui vont passer entre leurs murs une bonne partie de leur vie. Toutefois, l'outil réglementaire et le partage des expériences sont beaucoup plus adaptés pour assurer la transition

31 Sur l'histoire et les principes du tiers secteur, l'économie sociale et solidaire, et sur les moyens de la développer, voir mon rapport à la ministre de la Solidarité, *Pour le tiers secteur. L'économie sociale et solidaire : pourquoi, comment ?*, La Découverte / La Documentation française, Paris, 2001.

32 Pour un panorama de l'émergence de ce phénomène mondial, voir Jean-Louis Laville, *L'Économie solidaire. Une perspective internationale*, Desclée de Brouwer, Paris, 1994.

vers une économie industrieuse, fondée sur la mobilisation négociée du savoir-faire de travailleurs qualifiés.

En revanche, dès que l'activité d'une entreprise est « solidaire », elle satisfait des besoins qui ne sont pas restreints aux usagers ou clients individuels capables de les payer. Par exemple : l'insertion professionnelle des chômeurs profite à tous les employeurs potentiels du pays. Écrire des pièces de théâtre ou de musique et les répéter n'intéresse pas que les spectateurs prêts à payer des places lors des premières représentations, mais ceux qui pourront également jouer ces pièces, ou y assister sur des places publiques. Le travail pour la communauté produit un « halo sociétal » qui ne peut être rémunéré par de purs échanges marchands. Il est donc logique et socialement justifié que la collectivité qui bénéficie de ces services (en plus des usagers particuliers) rémunère l'association qui les fournit à ses membres [33]. Cette rémunération peut prendre la forme d'avantages fiscaux, de subventions, de marché publics, etc.

Or un champ de la vie sociale, le soin des corps affaiblis, est appelé à un développement inéluctable, dû au vieillissement de la population. Vieillissement qui est lui-même le résultat de l'individuation. La baisse de la natalité et les conquêtes de la médecine, mais aussi les conquêtes sociales qui ont réduit la charge du travail après soixante-cinq ans puis après soixante ans, ont permis un bond en avant de l'espérance de vie qui n'est pas compensé par un surcroît de population jeune (sauf par le biais de l'immigration). Et cette population de plus en plus âgée développe une soif particulière, non seulement de soins corporels, mais de soins intellectuels, activités de loisirs, activités culturelles... Même si l'entreprise privée cherche à écrémer les secteurs les plus lucratifs de cette demande de soins physiques ou culturels, il est extrêmement probable que seul un

33 C'est exactement l'inverse des activités polluantes, qui sont « remboursées » par les émetteurs à la communauté par des écotaxes.

associationnisme revigoré pourra répondre à l'avenir à ce double défi de l'isolement et du vieillissement. S'occuper des corps et des âmes est en effet une tâche qui ne peut revenir ni à l'administration ni aux activités marchandes gouvernées par le profit. Si l'on veut répondre à des demandes de telle nature, il faut des personnes actives mêlant un véritable souci de l'autre à la besogne concrète dont elles se sont chargées : une combinaison qui ne peut être régulée que par ce que Karl Polanyi (encore lui) appelait la « réciprocité ». La réciprocité, principe le plus ancien de la société humaine (celui de la famille), n'est ni la redistribution par une agence centrale (l'État) ni l'échange marchand entre producteurs indifférents les uns aux autres. C'est le principe qui peut être édicté de la manière suivante : « Je fais cela pour toi, parce que je compte sur d'autres pour me rendre la pareille lorsque j'en aurai à mon tour besoin. »

L'économie sociale et solidaire est donc appelée à jouer un rôle permanent, et non d'insertion dans une économie marchande, un rôle croissant et non résiduel dans le modèle de développement futur. À ses domaines d'origine (le souci de l'autre, le *care* et la culture), elle adjoint déjà le souci des biens communs et en particulier de l'environnement. Rien n'exclut qu'elle puisse rejoindre les ambitions initiales du mouvement coopératif du XIXe siècle : la prise en charge des services publics locaux (tels l'éclairage, les transports…) et, pourquoi pas, à une plus large échelle, régionale ou nationale. Les critiques souvent adressées aux services publics gérés technocratiquement pourraient être prises en compte par des formes nouvelles associant à leur direction les salariés, les usagers, les bailleurs de fonds et peut-être les bénévoles. Perspective autrement intéressante que la renationalisation pure et simple de ce que le libéral-productivisme avait privatisé : personne ne souhaite revenir à ces États dans l'État qu'étaient les grandes entreprises technocratiques nationalisées des années 1960, comme les grands réseaux de transport et d'énergie et même les banques. L'économie sociale et solidaire offre des modèles. Elle pose aussi des problèmes : bureaucratisation de ses élites, favoritisme entre associés… Mais entre les solutions qu'elle apporte à des maux criants et les inévitables effets pervers qu'elle développera et qu'il faudra apprendre à maîtriser, l'excès de critique relèverait de ce Pierre Bourdieu appelait le « fonctionnalisme du pire ».

4

La grande transition

Les considérations qui précèdent n'ont fait qu'esquisser les possibles grands traits d'un modèle de développement, qui se mettrait en place au cours de la présente décennie, et qui régnerait sans doute jusqu'en 2050. Ce modèle de développement reste encore largement ouvert. Plus exactement : plusieurs modèles vont entrer en compétition, plus ou moins autoritaires, plus ou moins intégrants ou excluants socialement, plus ou moins responsables écologiquement. Et même, ce que serait un modèle idéal achevé, nous n'en percevons que le vague dessein. Il sera le produit de l'invention historique, dans les années qui viennent.

Toutefois, les contraintes, nous les connaissons. Certes, elles sont aujourd'hui entièrement occultées par l'aspect le plus immédiat, la crise financière mondiale, qui ne fait pourtant que traduire le caractère transitoire de la crise : un modèle se meurt, un nouveau modèle ne parvient pas à voir le jour. La dette contractée dans l'ancien modèle ne sera sans doute jamais intégralement payée, puisque le modèle qui la soutenait est caduc. Il en est ainsi, très probablement, pour les dettes contractées afin de construire des centrales nucléaires, il en sera également ainsi pour une partie de l'endettement des ménages, qui avait servi à masquer l'épouvantable creusement des inégalités de revenus et de patrimoines.

Mais, j'espère que lectrices et lecteurs en sont dorénavant convaincus, derrière la dette financière il faut lire deux ordres de crises bien plus profondes. D'une part, justement, ce niveau extravagant d'inégalités dans la répartition des revenus et des richesses, d'autre part des limites proprement écologiques dans le rapport entre l'humanité et la nature.

La première de ces crises (la crise sociale, la crise de répartition) appelle des solutions à l'échelle nationale, continentale et sans doute mondiale, qui restent de l'ordre du connu, puisqu'elles répondent aux mêmes problèmes que ceux surgis à l'occasion de la crise des années 1930. Nous connaissons les grandes lignes de la réponse : une répartition plus égalitaire au sein de chaque pays, sans doute coordonnée à l'échelle des continents, avec des transferts de richesses vers les pays les plus pauvres. Rien là de vraiment nouveau, si ce n'est que la concurrence internationale sur les produits semblables (produits agricoles, manufacturés et, de plus en plus, sur les services du tertiaire) rend la solution plus difficile à trouver, car il n'existe pas d'État supranational pouvant véritablement inciter à la mise en place de conventions collectives internationales, ni d'un Smic mondial (et probablement pas même européen)...

Mais la grande nouveauté, c'est la crise écologique, ou plutôt la double crise écologique, crise alimentaire (avec ses effets sanitaires), crise énergétique (avec ses effets climatiques et ses risques d'accidents). Ces deux crises peuvent être distinguées théoriquement, et c'est ce que nous faisons dans ce livre, mais il faut toujours se souvenir qu'elles sont articulées de multiples manières. D'une part, l'un des sommets du triangle des risques énergétiques (l'usage de la biomasse-énergie) est aussi l'un des sommets du carré des conflits pour l'usage des sols – et c'est sur ce nœud que les militants et eurodéputés écologistes ont engagé le combat au tout début de la crise [1]. D'autre part l'agriculture elle-même et surtout l'élevage, sont d'importants contributeurs à l'effet de serre, à travers la production du méthane. Mais en réalité, en deçà et au-delà de la production

1 Natalie Gandais, Alain Lipietz, « Pauvreté, crise du climat et agrocarburants », *Multitudes*, n° 34, automne 2008, texte disponible sur <http://lipietz.net>.

agricole, la chaîne alimentaire productiviste inclut le défrichement, la production et le transfert d'engrais, puis l'emballage, la distribution, la fermentation en décharge ou l'incinération des ordures ménagères... Au total, la chaîne alimentaire contribue pour la moitié à l'effet de serre mondial [2] ! D'autres ponts existent entre les deux crises : par exemple, l'augmentation du coût des carburants pèse sur le coût de production de l'agriculture, de l'élevage, de la pêche...

Et, par ailleurs, ces deux crises se combinent avec la crise sociale : les principales victimes des crises alimentation-santé et énergie-climat sont les individus les plus pauvres, à l'échelle de la planète comme à l'échelle d'un pays riche comme la France, à travers la hausse des prix de l'alimentation et la dégradation de la qualité de la nourriture offerte aux plus démunis, comme à travers la précarité énergétique. Enfin, les trois crises se combinent, dans de nombreux pays, en crise du logement : cette combinaison est même ce qui, avec la crise des *subprime*, déclencha la crise générale du modèle libéral-productiviste. Toutefois la grande variété des systèmes de financement du logement social nous interdit de traiter de la crise du logement dans ce petit livre.

C'est une très grande nouveauté : l'invention du nouveau modèle prend d'emblée une dimension matérielle, et pas purement économique. Bien entendu, chaque modèle de développement présente une dimension matérielle. Par exemple, le sociologue Henri Coing [3] a montré comment, dès les années 1950, les nouvelles formes d'urbanisation fordistes (les grands ensembles) impliquaient, pour les locataires, un changement de mode de vie. La disparition de la courée traditionnelle les isolant dans leurs appartements, ils en vinrent à acheter les biens d'équipement du ménage individuel (radio, télévision, machines à laver). Mais la crise actuelle est bien

2 Voir l'évaluation de l'ONG internationale GRAIN, « Alimentation et changement climatique : le lien oublié », disponible sur <http://www.grain.org/fr>.

3 Henri Coing, *Rénovation urbaine et changement social*, Éditions ouvrières, Paris, 1966.

différente : la transformation matérielle des modes de vie n'est plus une conséquence de l'évolution économique, mais au contraire la base déterminante de l'évolution économique. Quelles que soient les formes futures de régulation du rapport salarial ou de la finance, elles devront s'appliquer à un monde qui aura plus ou moins bien résolu le problème alimentaire et le problème énergétique.

C'est aux possibilités matérielles de résoudre ces deux crises qu'est consacré le présent chapitre.

Le mouvement social vers la transition

Un automobiliste, perdu sur les petites routes d'Auvergne, demande à un paysan la route de Bordeaux. Le paysan se gratte la tête et dit : « Si je voulais aller à Bordeaux, je crois que ce n'est pas d'ici que je partirais. » De même, la crise d'un modèle de développement n'est pas le meilleur point de départ pour en tracer un nouveau : se débattre au sein du modèle en crise absorbe toute notre énergie. Et si le changement de modèle présente en plus une importante dimension matérielle, c'est encore pire, car il est plus difficile de changer l'urbanisme que de ratifier un traité européen ou de faire voter une loi sur les trente-cinq heures.

Pourtant, d'ores et déjà, de par le monde, de nombreux groupes, associations, villes ou collectivités territoriales (et parfois nationales, voire continentales) sont déjà lancés dans la recherche tâtonnante des solutions aux crises que je viens d'évoquer. Leur tout premier intérêt est de monter que « c'est possible », et que, dans un monde globalisé, on peut commencer par des expériences d'en bas, fragmentaires [4]. Le mouvement des *Villes en transition* [5], qui vise « le passage de la

---

4 Voir une jolie collection d'exemples dans le livre de Jean-Marie Pelt, *C'est vert et ça marche !*, Fayard, Paris, 2007.

5 Voir <http://villesentransition.net>.

dépendance au pétrole à la résilience locale » est largement empirique, et c'est ce qui fait sa richesse. Car, en général, il ne s'agit pas de solutions technocratiquement dictées d'en haut (défaut fréquent des prescriptions continentales, telles que les politiques écologiques de l'Union européenne), mais bien d'une discussion entre citoyens éclairés, confrontés aux problèmes immédiats de leur vie quotidienne, et travaillant en lien avec des spécialistes imaginatifs. Que ce soit à l'échelle d'un immeuble (par exemple avec l'expérience BedZED à Londres) ou dans les écoquartiers de Malmö en Suède, un trait est constant : on ne s'attaque pas aux problèmes écologiques et sociaux indépendamment les uns des autres. Les immeubles « à énergie positive » récemment construits ou réhabilités sont aussi des immeubles qui captent l'eau [6] ou du moins ralentissent son ruissellement. Les habitants sont intimement associés au développement des opérations : ils restent d'ailleurs souvent sur place pendant la « réhabilitation verte ».

Un autre aspect intéressant de ces expériences locales de transition, c'est qu'elles représentent au final un surcoût relativement limité en investissement, tout en créant nettement plus d'emplois locaux, conformément à la règle générale selon laquelle « un modèle économisant la nature utilise plus intensivement le travail ». Et, de par leur caractère local, elles combinent étroitement les avantages immédiats pour les résidents (réduction des charges, isolation sonore en même temps que thermique...) et les avantages de longue portée au service de la

---

6 C'est une crise dont on parle peu, mais qui présente également un caractère mondial et vient se combiner avec toutes les autres crises écologiques : la tendance à l'imperméabilisation des sols. Cette tendance résulte à la fois de l'urbanisation et des techniques traditionnelles de l'agriculture moderne, comme le roulage des champs. Ce durcissement des sols se traduit immédiatement par un ruissellement beaucoup plus rapide des eaux de pluie en surface. Or la montée de l'effet de serre aura l'effet d'une tropicalisation générale du climat : il fera de plus en plus chaud, il pleuvra sans doute davantage, mais par orages beaucoup plus violents. Retenir l'eau avant qu'elle n'entraîne tout sur son passage deviendra un problème fondamental de l'urbanisme dans les pays tempérés, comme il l'est déjà dans les pays tropicaux. D'où les réponses bricolées, telle la végétalisation des toits, qui peut répondre à d'autres objectifs comme l'isolation thermique, ou même le développement d'une agriculture maraîchère de proximité.

planète (économies d'énergie et de gaz à effet de serre). Un investissement urbain, qu'il serait difficile de faire voter au nom de la contribution à la lutte contre l'effet de serre, peut être parfaitement accepté pour son caractère *free lunch* (déjeuner gratuit) et « sans regret », comme on dit dans les négociations internationales sur le climat. Il ne coûte pas grand-chose de plus par rapport à des travaux qu'on aurait dû faire de toute façon pour d'autres raisons, et il apporte des améliorations en elles-mêmes désirées, sans que l'on ait à regretter d'avoir à sacrifier quoi que ce soit à une cause universelle, pour laquelle on acceptera d'autant moins de sacrifices que rien n'assure que les voisins accepteront les mêmes, « dans l'intérêt de l'humanité ».

Toutefois, un investissement de transition verte, même s'il est « rentable », c'est-à-dire qu'il engendre des économies (en énergie par exemple) qui remboursent rapidement son investissement, est souvent hors de portée du budget individuel d'un salarié précaire. D'où le bricolage, en soi intéressant, de nouvelles formes de mutualisation, comme les « tiers financeurs » : des sociétés d'économie mixte (privée, publique, voire économie sociale et solidaire) qui rénovent les logements sociaux ou les immeubles d'habitat collectif populaire, et se remboursent sur les économies de charges de chauffage. Pour les classes moyennes en logement isolé, la solution des subventions ou des prêts à taux zéro sera au contraire privilégiée.

J'ai parlé de « déjeuner gratuit »... Tout ce qui vient d'être dit sur l'urbanisme est encore plus flagrant pour l'alimentation. C'est de manière diffuse, dispersée, que changent les habitudes alimentaires, avec le recul de la viande et des repas trop riches en graisse, pour des raisons diététiques, et qu'à l'autre bout de la chaîne des paysans « passent au bio » ou résistent aux OGM, tandis que se mettent en place les circuits courts, comme les associations pour le maintien d'une agriculture paysanne (AMAP)[7]. Entre les deux, les parents exigent le « bio dans les cantines » (où les enfants des classes populaires reçoivent

---

7 Voir <http://reseau-amap.org>.

souvent ce qui sera le repas le plus nutritif de leur journée), les collectivités recherchent désespérément des fournisseurs et passent avec les agriculteurs locaux des contrats de transition au bio et encouragent le développement de potagers pédagogiques associatifs ou d'autoproduction, des mouvements de citoyens exigent des modifications de la réglementation nutritionnelle échappant au poids des lobbies agro-alimentaires, etc.

Toutefois, la question se pose de plus en plus nettement : que pouvons-nous véritablement espérer à l'échelle globale ? Est-il sérieux d'envisager (disons, en 2050) que la planète sera en mesure de nourrir tous ses habitants ? Est-il envisageable de se passer du nucléaire quand, de surcroît, on vise une économie « décarbonnée [8] », ou du moins une réduction de l'effet de serre à un niveau suffisant pour stabiliser la température de la planète à un niveau + 2 °C par rapport aux températures préindustrielles du milieu du XIXe siècle ? Et, si une telle stabilisation est possible, quels doivent en être les premiers pas ? Dans quelle direction s'engager ? Quels objectifs intermédiaires se fixer ? Telles sont les questions qu'il faut aborder quand on réfléchit à la « transition », en général, vers le nouveau modèle.

Encore une fois, il s'agit d'un problème assez semblable à celui de la reconstruction après une guerre, défi que la France a dû relever entre 1945 et les années 1960, tout en assumant l'exode rural le plus massif et rapide de l'histoire européenne. Une situation de reconstruction (ou ici, de transition) constitue une sorte de modèle développement à elle seule, à tel point que de nombreux économistes ont analysé la reconstruction de la France comme la cause fondamentale de ses succès économiques dans la première moitié des Trente Glorieuses. C'est un peu excessif : certes, l'aspect « reconstruction » mobilisait toutes les énergies et assurait le plein-emploi, mais les nouveaux modes de régulation sociale inventés pour l'occasion, et qui ne

---

8 C'est-à-dire produisant le moins possible de gaz carbonique (CO_2) et de méthane (CH_4), les deux principaux GES après la vapeur d'eau (qui, elle, ne contribue plus guère à la croissance de l'effet de serre, ayant « fermé sa fenêtre optique », c'est-à-dire absorbant déjà tous les rayons qu'elle peut).

seront pleinement consolidés qu'après la crise politique de 1968, étaient déjà représentatifs du modèle achevé : la répartition négociée des gains de productivité entre capital et travail, la Sécurité sociale... De même, l'effort de la transition, pour sortir d'une économie carbonée et du nucléaire et pour assurer une nourriture saine à chacun, produira des effets durables et continus, que ce soit en matière d'emploi ou de satisfaction des besoins fondamentaux.

Il se trouve que la France, sans doute à cause de ses habitudes forgées dans la période de la Reconstruction planifiée d'après guerre et des quelques institutions de cette époque qui ont survécu au libéralisme, est particulièrement attentive et réceptive à cette problématique d'une prospective de long terme, combinant les aspects physiques (qu'est-ce qu'on mange ? qu'est-ce qu'on construit ?) et les aspects financiers (comment finance-t-on tout cela ? Comment le remboursera-t-on ?). Certes, nous n'avons plus de Commissariat général du plan et il a fallu pallier sa disparition par des « Grenelle » à répétition sur tous les sujets. Mais plusieurs des appareils prospectifs ministériels ou académiques sont encore en place, et le souvenir de cette heureuse époque de la « planification à la française » a été transmis par les enseignants à leurs étudiants, en particulier ceux des grandes écoles d'agronomie, d'ingénierie ou de statistiques, lesquels ont monté des associations de réflexion. Nous disposons donc, depuis les années 2000, d'une floraison d'études de plus en plus précises, de plus en plus qualifiées, de plus en plus complètes sur les conditions de la transition. Certaines études britanniques sont de la même inspiration, notamment le rapport Stern, sur le changement climatique, ou le rapport de Tim Jackson pour la Commission du développement durable (SDC) sur la Prospérité sans croissance, que nous avons déjà cités. Enfin, plusieurs agences de l'ONU ont maintenu cette tradition prospective héritée du siècle dernier. Poussées par la nécessité, elles ont remobilisé les équipes, que ce soit au sein de vieilles institutions comme la FAO (Food and Agriculture Agency, Organisation des Nations unies pour l'alimentation et l'agriculture[9]) ou en en créant de nouvelles, comme le Groupe intergouvernemental d'étude du climat, le fameux Giec[10].

La transition alimentaire

La crise alimentaire qui éclate en 2007 justifie le sombre pronostic du très grand agronome René Dumont, fondateur de l'écologie politique française : « Nous allons à la famine[11]. » Bien entendu, René Dumont lançait cet avertissement pour mobiliser l'opinion et les gouvernements, et non pour les désespérer. Aujourd'hui, son cri d'alarme est plus que jamais d'actualité, même pris au premier degré… Sur les 7 milliards de Terriens, 1,3 sont en situation de sous-alimentation, et ce chiffre s'est accru de 150 millions depuis l'ouverture de la crise en 2008. Toutes les cinq secondes, un enfant de moins de dix ans meurt de faim dans le monde[12]. Et le prix mondial des denrées alimentaires, comme d'ailleurs celui du pétrole et de nombreux produits miniers, s'il a chuté conjoncturellement dans l'effondrement général de la fin 2008, a retrouvé en 2011 ses niveaux records d'alors. La moyenne des cours des produits alimentaires sur l'ensemble de 2011 en fait l'année la plus chère depuis que la FAO recueille les données : le problème est structurel et non conjoncturel. En réalité, dès le début des années 2000, la guerre pour le contrôle des terres agricoles est ouverte : la Chine et l'Arabie saoudite, les deux puissances ayant concentré la plus grande quantité d'excédents commerciaux, se lancent dans l'achat massif de terres en Afrique, à Madagascar, voire en Amérique du Sud. Et, de façon beaucoup plus

9 <http:www.fao.org>.

10 <http://www.ipcc.ch>.

11 Voir René Dumont, Bernard Rosier, *Nous allons à la famine*, Le Seuil, Paris, 1966.

12 Pour un tableau saisissant de la situation actuelle, doublé d'une enquête minutieuse, sur le terrain, de ses cause profondes, voir le livre de celui qui fut de 2000 à 2008 le rapporteur spécial des Nations unies pour le droit à l'alimentation, Jean Zigler, *Destruction massive*, Le Seuil, Paris, 2011.

décentralisée, de nombreuses compagnies agricoles ou financières les ont accompagnées dans cette stratégie.

Cette crise alimentaire mondiale, on l'a vu, a déjà déclenché une série d'émeutes urbaines dont le développement le plus positif fut la révolte arabe contre les dictatures [13]. Mais le problème de l'alimentation mondiale reste entier. L'humanité peut-elle, oui ou non, arbitrer dans le conflit FFFF sur l'usage des sols, et assurer une alimentation saine pour tous les humains ? Il s'agit de nourrir une population qui se stabilisera probablement dans la seconde moitié du siècle après avoir atteint 9,3 milliards d'habitants vers 2050. Cela représente 2,3 milliards d'habitants de plus en quarante ans, alors que la crise des années 2000 laisse au bord de la famine 1 milliard d'habitants sur 7 ! On mesure l'ampleur du défi.

Oui, la Terre peut nourrir les Terriens. À la fin du XIXe siècle et pendant la plus grande partie du XXe siècle, cette question jadis soulevée par Thomas Malthus ne recueillait que le dédain ironique des « progressistes », qu'ils soient bourgeois ou communistes. Tous étaient persuadés que le progrès technique assurerait à terme une production suffisante pour nourrir toute la planète [14]. Le reste n'était que débats sur la meilleure

---

13 L'historien Immanuel Wallerstein souligne en outre sa similitude avec les mouvements de la jeunesse scolarisée de années 1968. Naturellement, pas plus qu'en 1848 (ou en 1968 dans l'Est européen), le caractère démocratique des victoires remportées en Tunisie, en Égypte, en Libye, n'est durablement garanti ! Ce n'est qu'une nouvelle étape dans la démocratisation du monde, mais c'en est certainement une essentielle, même si les premières élections démocratiques peuvent amener au pouvoir de nouveaux régimes autoritaires, comme ce fut le cas, justement, dans les années qui suivirent 1848 en Europe. Car, après la contre-révolution cléricale européenne du milieu du XIXe siècle, le rétablissement de l'ordre ne put empêcher le maintien de contestations politiques, libérales-démocratiques ou socialistes.

14 Karl Marx, toutefois, beaucoup plus écologiste qu'on ne le pense, était très au fait, grâce à von Liebig, des contradictions soulevées par la « seconde révolution agricole », celle des engrais. Il insistait sur le fait que l'urbanisation, la spécialisation agricole interrégionale, l'agriculture intensive, en rompant le cycle de l'azote et autres nutriments, mettraient en crise le « métabolisme homme-nature » (voir John Bellamy Foster, « La théorie marxienne de la rupture métabolique », *Marx écologiste*, Amsterdam, Paris, 2011). Cette crise fut pourtant différée de près d'un siècle, par le développement, à l'occasion des deux guerres mondiales, de l'industrie de l'azote (voir Gérard Borvon, « Une brève histoire des nitrates », <seaus.free.fr>).

forme de régulation (par le marché ou par le plan) afin d'assurer la distribution correcte d'une offre abondante. En 2012, il n'est plus du tout question de raisonner ainsi. Les terres (et l'eau) se font rares, quoiqu'exploitées sur la plus grande partie de la planète avec des techniques que n'auraient jamais imaginées ces progressistes du XIXe siècle. Et le conflit pour l'utilisation de ces terres (nourrir les hommes, nourrir les bêtes, nourrir les machines et préserver encore un peu de biodiversité) est plus aigu que jamais.

En outre, ces méthodes modernes censées accroître la productivité du travail humain agricole sont de plus en plus soupçonnées de produire une nourriture dangereuse, là même où la faim semble inconnue. « Nous sommes la première génération de parents à se demander si elle n'est pas en train d'empoisonner ses enfants », aime à rappeler l'écologiste Pascal Durand. Cet empoisonnement a une première dimension, quantitative : les firmes agro-industrielles tendent à imposer un modèle de consommation beaucoup trop chargé en sucres, en sel, en graisse et en protéines animales (boissons sucrées, laitages, viande de bœuf). En même temps que là croît la famine, ici croît le surpoids, voire l'obésité, qui à leur tour fragilisent la population face aux maladies cardio-vasculaires et au diabète. Mais le problème est sans doute encore plus grave.

Plus insidieusement, la chimisation de la production agricole et du traitement des produits par l'industrie alimentaire commence aujourd'hui seulement à révéler ses effets nocifs aux scientifiques. On a longtemps cru qu'il suffirait de revenir à des doses plus raisonnables de pesticides pour éliminer ces effets pervers. On s'aperçoit aujourd'hui que, contrairement à ce que pensait le médecin de la Renaissance Paracelse, le poison, ce n'est pas seulement la « dose ». Le poison, c'est aussi la date à laquelle une personne est exposée, fût-ce à doses infimes. Ainsi, on s'est aperçu que l'autisme du nouveau-né pouvait résulter de l'exposition de sa mère aux pesticides ayant traité un champ à plusieurs kilomètres de là... pourvu que ce fût à la huitième semaine de sa grossesse.

Il y a fort à parier qu'une grande part des dérives sanitaires et des maladies chroniques (c'est-à-dire ne résultant pas d'une agression microbienne), telles que l'asthme, le diabète, l'infécondité, et la plupart des cancers, seront peu à peu rapportées à des causes environnementales. Et cela, dans bien des cas, au niveau de la chaîne alimentaire, depuis les traitements chimiques des champs et des arbres fruitiers jusqu'à la matière des biberons (l'affaire du bisphénol A), le revêtement antiadhésif des casseroles ou à nos tasses de café (les dangers longtemps méconnus de l'aspartame), en passant évidemment par les épouvantables traitements subis par la matière agricole tout au long de la chaîne de l'industrie alimentaire. Enfin, l'introduction récente des plantes à la composition génétique nouvelle (les organismes génétiquement modifiés, OGM) peut avoir des effets retardés tout aussi dramatiques, que l'on découvrira peut-être seulement dans quelques décennies, sur la santé humaine et les écosystèmes voisins, sans compter leurs effets immédiats sur l'autonomie des paysans [15]...

Nourrir les humains représente donc un défi à la fois quantitatif et qualitatif : nourrir *tous* les humains, tout en faisant reculer l'usage excessif de techniques agricoles dangereuses pour la santé, et en renonçant aux plus invasives comme les OGM en plein champ [16]. Et, en supposant même qu'une agriculture biologique soit aussi productive qu'une agriculture

---

15 Voir les dénonciations de spécialistes de la sécurité alimentaire et environnementale, comme André CICOLELLA et Dorothée BENOÎT BROWAEYS, *Alertes santé. Experts et citoyens face aux intérêts privés*, Fayard, Paris, 2005, ou Dominique BELPOMME et Bernard PASCUITO, *Ces maladies créées par l'homme. Comment la dégradation de l'environnement met en péril notre santé*, Albin Michel, Paris, 2004. Voir également les enquêtes telles celle de Marie-Monique ROBIN, *Notre poison quotidien, La responsabilité de l'industrie chimique dans l'épidémie des maladies chroniques*, La Découverte, Paris, 2011. L'Organisation mondiale de la santé (OMS) attribue à ces « épidémies industrielles » 86 % des décès et 77 % des maladies en Europe. Cette crise sanitaire aux origines environnementales et alimentaires est aggravée par la dégradation, sous le modèle LP, des systèmes de soins hérités du fordisme, mais ceux-ci ne devront pas être rebâtis à l'identique. Voir André CICOLELLA, *Le Défi des épidémies modernes. Comment sauver la Sécu en changeant le système de santé*, La Découvete, Paris, 2007.

16 Pour une vision saisissante de ce double défi et de la pertinence de la solution « bio », voir l'ouvrage du grand agronome Marc DUFUMIER, *Famine au Sud, malbouffe au Nord. Comment le bio peut nous sauver*, NiL, Paris, 2012.

chimique, trouver les sols disponibles pour deux milliards d'êtres humains supplémentaires.

La réponse immédiate est évidemment de réduire, parmi les quatre usages de la terre en compétition [17], ceux qui ne sont pas indispensables. La tentation la plus forte, puissamment à l'œuvre depuis le néolithique, et qui s'accélère en dépit de tout, est de faire reculer le pôle *Forest*, c'est-à-dire la biodiversité, par la déforestation et le drainage des zones humides. Évolution catastrophique qui revient à dilapider nos réserves et à boucher les puits de carbone naturels, alors qu'il n'existe évidemment pas de planète de rechange ! La FAO s'y refuse absolument, mais comment appliquer les préceptes de préservation de la nature sauvage, quand la faim de terre pousse les paysans du bassin du Congo, des Grands Lacs ou de l'Amazonie, à brûler la forêt, y compris les parcs naturels, pour s'installer ? Soulever ce problème, c'est renvoyer d'abord à la question de la justice sociale dans la distribution des terres, c'est-à-dire au niveau social de la crise mondiale.

« Oui, mais en préservant la biodiversité, reste-t-il assez de terre pour les trois autres *F*, les trois autres usages : nourriture pour les humains, nourriture pour le bétail, nourriture pour les machines ? » À cette question, inesquivable, la FAO répond positivement, tout comme le rapport 2011 de l'Académie des sciences française, significativement intitulé *Démographie, climat et alimentation mondiale* [18].

Le premier élément de la réponse est de réduire le *F* pour *Feed*, c'est-à-dire l'espace dédié à l'alimentation animale, que ce soit directement (les pâturages) ou indirectement (l'exploitation du soja, du maïs pour bétail) [19]. Ce « détour de

---

17 Plus exactement : de la terre agricole. Or l'usage du sol pour l'urbanisation croît à une vitesse vertigineuse. Cela peut sembler marginal par rapport au monde resté rural, sauf que les villes croissent à partir de leur localisation historique, en général choisie pour la proximité des meilleures terres, qui sont donc retirées les premières à l'agriculture, en particulier maraîchère !

18 Texte disponible sur <www.academie-sciences.fr/activite>.

19 Sur les origines géopolitiques de cette dérive que symbolise le soja, voir l'étude de Natalie Gandais, « Du soja et de quelques autres plantes "agro-industrielles" », disponible sur <http://gandais.net>.

production », rappelons-le, consomme dix fois plus de terre que pour produire les protéines végétales équivalentes. Il s'agit de revenir à des menus moins carnés, non pas supprimer la viande, mais lui rendre la place qu'elle occupait dans la nourriture traditionnelle jusqu'au milieu du XXe siècle, y compris en France : celle d'un condiment, en marge de plats principalement composés de protéines végétales (pois, lentille, haricots, céréales...). Une telle évolution sera considérée, dans un premier temps, comme une contre-révolution, aussi bien par les classes populaires européennes que par les classes moyennes des pays émergents qui abandonnent peu à peu leurs menus indiens, chinois, et leurs *feijoadas* (le plat traditionnel du Brésil) au profit du steak quotidien qui, venu d'Amérique du Nord dans la foulée du plan Marshall, a envahi l'Europe fordienne, s'imposant y compris à la classe ouvrière. Bien entendu, la viande demeurera le plat des régions d'élevage (de l'Ouest français ou de la Pampa argentine), mais elle ne sera plus consommée tous les jours, à deux repas par jour, et les « cuisines traditionnelles » reviendront en grâce, pour leur saveur et leurs effets diététiques plutôt que « pour nourrir la planète ».

Un point à éclaircir : le statut du poisson. Jusqu'au XVe siècle en Europe, il est resté très abondant dans les rivières, les lacs et bien entendu dans la mer : c'était la principale, voire la seule protéine animale accessible aux classes populaires. À tel point que les nobles et les bourgeois disaient « faire maigre » quand ils mangeaient du poisson le vendredi en signe d'humilité ! Mais le poisson, contrairement à quelques animaux terrestres, grands et petits, n'a jamais pu être domestiqué. La pisciculture ne remplace pas l'écroulement programmé des réserves halieutiques [20]. La protéine-poisson, qui fut la base de l'alimentation pour l'humanité avant même le néolithique, semble donc appelée à occuper une place de plus en plus réduite. C'est

20 Un des problèmes est qu'elle est implantée sur des côtes polluées, or le poisson concentre la pollution dans sa chair.

d'autant plus ennuyeux que le poisson est une nourriture extrêmement recommandée pour ses propriétés diététiques.

Reste le troisième *F*, la terre comme source de biomasse-énergie (ou de matériaux de construction et de produit textiles comme le coton). Il s'agit aujourd'hui de la grande tentation des agrocarburants. Sur cette question, le rapport de l'Académie des sciences tranche : il faut proscrire les agrocarburants de première génération, c'est-à-dire ceux (éthanol et diester) extraits de plantes cultivées dans ce but exclusif. Leur rendement énergétique et en économies de GES est très faible, et ces cultures entrent directement en concurrence avec les cultures pour l'alimentation humaine. Le rapport est prudent sur les biocarburants de deuxième génération, c'est-à-dire ceux extraits des résidus de l'agriculture et de l'exploitation des forêts (paille, brindilles, chutes de bois). En effet, même s'ils sont exploités dans des zones de taillis impropres à l'agriculture, ces résidus (que l'on ne sait pas actuellement transformer directement en biogaz ou essence) ont un rôle agricole de mieux en mieux reconnu. Il est bon en effet de laisser la paille sur les champs, voire y répandre des brindilles de bois broyées (bois raméal fragmenté, BRF) afin de restituer à la terre des composants organiques azotés et restaurer la structure des sols. Finalement, l'Académie ne reconnaît un avenir certain qu'aux agrocarburants de troisième génération : la captation de l'énergie solaire par des algues. Il s'agit de bassins exposés au soleil où des algues microscopiques produisent de l'huile à partir du gaz carbonique qu'on y injecte (ce sont donc aussi des « puits » à gaz à effet de serre !)

Ce rapport reflète donc un consensus plutôt optimiste mais exigeant, issu de différentes études reconnues, y compris celles de la FAO, quant à la capacité de la Terre à nourrir la planète. Cependant, le rapport insiste à bien des reprises sur le fait que, dans cet équilibre global, certaines régions resteront durablement, voire irréversiblement en déficit alimentaire. C'est par exemple le cas de la majeure partie de l'Asie, faute d'eau et de terres fertiles suffisantes pour nourrir la population. Même les économies de terres réalisables en supprimant la production d'aliments pour bétail – mesure indispensable (et qui ne remet pas en question l'élevage sur les prairies naturelles), mesure qui à elle seule restituerait à l'alimentation humaine de quoi nourrir plus de deux milliards d'habitants –, même cette mesure-là ne concerne véritablement que des pays qui sont déjà de grands exportateurs agricoles, comme ceux d'Amérique latine. Le commerce international alimentaire restera nécessaire.

Toutefois le rapport (manifestement marqué par la volonté de conserver un statut d'exportateur agricole à la France !), tout en prônant le libre-échange agricole, reconnaît la nécessité et la légitimité de politiques régionales de reconquête de la souveraineté alimentaire, y compris avec une aide financière et technique internationale, y compris avec des prix garantis et les mesures protectionnistes correspondantes. Surtout, il souligne que le libre-échange agricole est incompatible avec les subventions aux exportations (actuellement pratiquées par les États-Unis et l'Union européenne), qui tuent les agricultures vivrières moins productives.

Le potentiel français. Après ce panorama mondial, il peut être utile d'examiner de plus près le cas de la France, où des études associatives sont déjà engagées, parallèlement à celles dont nous allons parler sur l'énergie (le scénario Négawatt). Ces études examinent la compatibilité d'une agriculture nourricière, pour les Français et leurs voisins, et d'une production notable de biomasse énergie. Comme nous le verrons en effet, la transition énergétique lorgne inévitablement sur les terres agricoles pour capter, par le biais de la fonction chlorophyllienne des plantes, de l'énergie solaire... On a tendance à l'oublier, mais le bois fut tout simplement la première forme d'énergie à la disposition de l'humanité, et il le restera. Il ne s'agit plus de ces bûches que l'on disposait dans les cheminées de nos demeures ou que l'on jetait dans les chaudières des machines à vapeur : le bois moderne se débite en copeaux et alimente en un flux continu les chaudières des lycées et des bureaux. Surtout, les ordures ménagères putrescibles et les chutes de bois, actuellement brûlées dans des incinérateurs (qui servent à produire de l'électricité) pourraient, de façon beaucoup plus rationnelle, être transformées en biogaz, dans des fermentateurs. Car l'incinérateur gaspille beaucoup d'énergie à la vaporisation de l'eau contenue dans les déchets organiques, et détruit les composés azotés qu'il serait bien plus raisonnable de restituer à la terre à titre d'engrais.

Prendre en compte de façon plus sérieuse l'utilisation de la biomasse, tout en assurant l'indépendance alimentaire de la France et une certaine capacité exportatrice, telle est l'ambition du scénario « Afterres 2050 » de l'association Solagro [21]. Ce rapport reprend évidemment les préconisations désormais admises de l'Académie des sciences : fort recul de la viande, en particulier de l'élevage hors sol (l'élevage sur prairie naturelle étant conservé, non seulement parce qu'il faudra toujours de la viande, mais également pour des raisons paysagères, écologistes et même patrimoniales), et lutte farouche contre les gaspillages de denrées alimentaires. Ces deux politiques libèrent déjà sur le sol français un espace considérable. La lutte pour le recul des intrants chimiques conduit au développement de cultures « écologiquement intensives », c'est-à-dire des cultures combinées produisant sur le même sol plusieurs récoltes de végétaux différents, les résidus des unes servant de fertilisant pour les autres, la biodiversité ainsi développée favorisant la pollinisation... Inutile de dire que cette agriculture écologiquement intensive demande un effort considérable de recherches et d'éducation dans les nouvelles techniques agricoles, même si elle revivifie souvent d'antiques traditions [22].

---

21 Voir <www.solagro.org>.

22 L'agronome Marc Dufumier parle ainsi de « rapprocher le cycle de l'azote du cycle du carbone ». Rappelons que toutes les plantes savent fixer le carbone, l'hydrogène et l'oxygène de l'air, mais seules les légumineuses, en collaboration avec certaines bactéries au niveau des nodules de leurs racines, peuvent tirer de l'atmosphère le quatrième élément de tous les corps vivants : l'azote. Ces plantes sont donc les principales productrices primaires des composés organiques azotés, qu'elles offrent à tout le reste de la vie, soit en revenant au sol

Dans ce scénario, l'alimentation, moins carnée, moins sucrée, moins lactée, contient plus de céréales, de fruits et de légumes. Les sols ne sont jamais nus et peuvent délivrer jusqu'à six productions différentes. Les émissions des gaz à effet de serre reculent du fait de la moindre production de méthane par les ruminants (mais il ne faut guère en attendre plus qu'une réduction de moitié par rapport à l'existant). Pour donner une idée, alors qu'en 2010 les viandes et abats représentent 29 % de l'alimentation, en 2050 ils n'en représenteraient plus que 16 %, tandis que les protéines végétales passeraient de 37 % à 65 %, et le lait chuterait de 21 % à 13 %. Déception : le poisson et les crustacés tomberaient de 9 % à 2 %. Au total, ce changement de régime alimentaire libérerait de cinq à huit millions d'hectares, pour un tiers en terre arable, les deux tiers en prairies permanentes. C'est cet espace libéré par l'alimentation humaine (en supposant que la France reste exportatrice vers toute l'Europe et la Méditerranée jusqu'au Moyen-Orient) qui va faire l'objet d'une lutte sévère entre l'usage énergie et l'usage engrais. Le scénario ne touche pas à la forêt, mais ces champs et ces prairies deviennent disponibles pour le taillis, les prés de fauche à usage énergétique ou engrais... Comme on le voit, le refus des agrocarburants tirés des plantes qui auraient dû être alimentaires, fait bon ménage ici avec une reconnaissance du rôle traditionnel de la terre de surface comme productrice d'énergie et d'engrais ! Mais, bien entendu, il ne s'agit plus de brûler la paille ou le petit bois : c'est essentiellement à travers la méthanisation (la séparation entre un gaz liquéfiable carburant et la matière azotée qui servira d'engrais) que le scénario « Afterres » cherche

---

(litière végétale), soit en étant broutées, et alors ce sont les animaux qui les restituent au sol, par leurs déjections (urée). Les légumineuses (notamment les haricots, lentilles et pois) fournissent directement aux humains une partie des protéines avec lesquelles se construisent les corps, tandis que les « plantes à sucres » (céréales, bananes), lui fournissent son énergie et d'autres protéines. D'où les ancestrales traditions de polyculture-élevage et d'assolement bi- ou triennal, passant par une période de légumineuses (trèfle, luzerne). L'agriculture moderne, en spécialisant les régions agricoles, a coupé les relations entre ces cycles, condamnant l'agriculture à de coûteux transports d'engrais azotés.

à reconstituer une agriculture presque totalement « bio » tout en contribuant à la transition énergétique.

On peut être sceptique sur les études que je viens de citer : ne sous-estiment-elles pas les ravages que peuvent causer les changements climatiques ? Les sécheresses puis les incendies de l'Australie, de la Russie, de l'Ukraine, les tempêtes qu'autrefois on aurait crues « millénaires » et qui aujourd'hui ravagent la forêt française avec une périodicité rapprochée (trois tempêtes « exceptionnelles » depuis 1999), les déplacements des zones climatiques (de l'ordre de 500 km vers les pôles pour 3 °C de réchauffement), ne remettront-ils pas en question ce bilan prospectif globalement encourageant ? Nous verrons bien. Mais en tout cas, ces rapports nous convainquent de ne pas baisser les bras : oui, nourrir toute l'humanité, sans chimie et sans OGM, c'est possible.

De la possibilité à la réalisation. Certes, mais comment ? Ce qui frappe à la lecture de ces rapports qui ont le mérite de raisonner en termes physiques, c'est leur peu d'intérêt pour les mécanismes économiques et institutionnels qui permettraient les évolutions recommandées. D'ailleurs, l'Académie des sciences conclut par une série de recommandations, Afterres par une série de graphiques : on sait le but, mais on ne voit pas d'autres moyens de l'atteindre que l'invocation de la volonté politique.

C'est évidemment la volonté politique qui transforme les institutions, les mécanismes régulateurs, les routines et les marchés. Et c'est bien la conscience des citoyens que « quelque chose d'autre est possible » et qu'une transition se dessine vers cet autre monde possible, qui les convaincra de se mobiliser politiquement. Mais la mobilisation politique reste en général ponctuelle, comme les grands mouvements sociaux de 1936, la Résistance et l'après-guerre, 1968 en France. Aujourd'hui, le mouvement pour la transition s'exprime de façon plus « capillaire » : mobilisation des parents pour le bio dans les cantines, mobilisation des associations pour le maintien d'une agriculture paysanne et pour consommer localement, jusqu'à créer des potagers et jardins familiaux dans les villes, mobilisation de l'économie sociale et solidaire pour les potagers d'insertion [23], les Restaurants du cœur et les Épiceries sociales, avec une interaction de plus en plus forte entre ces trois mouvements : oui, il faut nourrir les pauvres, mais pas n'importe comment, pas avec n'importe quoi.

Ce mouvement social, peut-être l'un des plus importants dans la France d'aujourd'hui, qui vise à transformer la base même du rapport de l'individu à son environnement – l'alimentation, afin de se préserver de la faim et de maintenir sa santé –, ne saurait être permanent. Le militantisme sera sollicité par d'autres cibles. Il doit donc se consolider en victoires institutionnelles. Comment institutionnaliser, réguler, les aspirations nouvelles à une nourriture saine et de proximité ? Certainement par une modification profonde de la politique agricole commune européenne, avec suppression des subventions aux modes de production que ces rapports invitent à faire reculer. Certainement, une concentration des politiques structurelles vers la conversion au bio et à l'intensification écologique. La transition, elle commence dès aujourd'hui quand les collectivités urbaines passent contrat avec des associations de l'agriculture biologique pour assurer, par des marchés de quatre ans, la conversion au bio de paysans de plus en plus nombreux. Mais cela implique aussi de libérer des terres pour les paysans qui veulent s'installer directement en « bio ». Et, là encore, des associations, telle Terres de liens [24], jouent le rôle d'avant-garde en achetant des terres pour cet usage. Mais, au-delà de ce militantisme, ce sont les Sociétés d'aménagement foncier et d'établissement rural (Safer) qu'il faudra réformer.

La mobilisation est là, qui enfle. Peu de personnalités politiques, sauf les écologistes entrés en politique, s'en rendent

---

23 Les Jardins de Cocagne, <http://reseaucocagne.asso.fr>.
24 <http://terredeliens.org>.

compte. Il leur reste à trouver les mécanismes institutionnels qui cristalliseront leurs succès.

La transition énergétique

Abordons à présent l'autre grande crise écologique de ce début de XXIe siècle : la crise énergie-climat. L'opinion publique s'est progressivement focalisée, depuis 1992, sur l'un des sommets du triangle des risques énergétiques : la crise climatique, les risques liés à l'effet de serre provoqué par les gaz dans la production d'énergie, principalement le gaz carbonique, négligeant au passage – mais encouragée en cela par les experts – les émissions de méthane par les ruminants, par les déjections animales et les dépôts d'ordures ménagères, et même certaines cultures comme le riz[25]. Le rapport du Giec de 2007 puis le rapport Stern, sur les coûts économiques de l'inaction, semblaient conduire tout droit à un accord international post-Kyoto, à la conférence de Copenhague, fin 2008. Les solutions alternatives étaient bien entendu recherchées, par les tenants d'une sortie productiviste à la crise du productivisme, du côté des deux autres sommets du triangle : les agrocarburants et l'énergie nucléaire.

Des risques de mieux en mieux mesurés. L'hypothèse agrocarburants fut assez vite contrebattue dans les médias pour ses effets ravageurs sur la sécurité alimentaire de la planète. Ce qui ne signifie absolument pas que l'utilisation de la

25 Ce relatif désintérêt des experts du Giec a une genèse politique qui remonte à la conférence de Rio de 1992 : le gaz carbonique a une origine industrielle, le méthane a une origine agricole, or les pays pauvres ont besoin de manger et les émissions industrielles des pays riches relèvent déjà du luxe. Comme le compromis de Rio a demandé aux pays industriels de faire le « premier pas », la question du méthane est devenue politiquement incorrecte. C'est injuste : le gros du bétail et du riz est désormais produit dans des pays relativement riches. D'autre part, l'évitement des émissions de méthane est globalement moins coûteux que celui du CO_2. Voir Benjamin Dessus, Bernard Laponche, Hervé Le Treut, « Effet de serre, n'oublions pas le méthane », *La Recherche*, n° 417, mars 2008.

biomasse-énergie soit à écarter, nous venons de le voir. Mais ces critiques contre les agrocarburants proprement dits (ceux dits de première génération, obtenus par détournement de cultures alimentaires, le blé, la canne à sucre) remirent sur le devant de la scène le troisième larron : l'énergie nucléaire.

Les risques du nucléaire sont multiples : il y a évidemment le risque d'accidents, le risque de prolifération vers le nucléaire militaire, le problème pour le moment insoluble de la gestion des déchets, qui lui-même débouche sur un risque terroriste (l'utilisation des déchets pour la pollution volontaire de vastes zones). Les trois derniers risques n'avaient jusqu'ici arrêté personne, sauf bien entendu les militants écologistes ou pacifistes. Début 2011 encore, le président de la République française, Nicolas Sarkozy, s'efforçait de vendre des centrales nucléaires au chef de l'État libyen, dictateur et terroriste, Mouammar Kadhafi. En revanche, le risque d'accidents pèse très lourdement sur l'histoire de l'industrie nucléaire.

Dès les années 1970, l'accident de Three Miles Island avait cassé l'essor du nucléaire civil aux États-Unis. Vingt ans plus tard, l'accident de Tchernobyl avait non seulement délégitimé l'industrie nucléaire soviétique mais contribué à briser l'Union soviétique elle-même. Plusieurs pays d'Europe occidentale avaient alors renoncé au nucléaire. Mais, vingt ans plus tard, la mémoire de cet accident (aux conséquences pourtant typiquement « systémiques », et aussi graves que la chute de Lehman Brothers) s'estompait, sauf bien sûr chez un nombre incalculable de victimes [26].

---

26 Ce nombre varie de quelques milliers, pour ceux qui ne comptent que les victimes directes, à un million, pour ceux qui pensent que toutes les doses, même faibles, de radiation contribuent statistiquement aux risques de maladies. C'est le cas de Alexey V. Yablokov, Vassily B. Nesterenko et Alexei V. Nesterenko (« Chernobyl. Consequences of the disaster for the population and the environment », *Annals of NY Academy of Sciences*, vol. 1189, décembre 2009), qui utilisent une méthodologie évidemment contestée. Pour leurs critiques, l'excès de morbidité et de mortalité après l'accident peut être expliqué par l'effondrement organisationnel et moral de l'URSS à ce moment-là. Mais cet effondrement est-il lui-même sans lien avec Tchernobyl ? Imagions un accident nucléaire à Nogent-sur-Seine, avec évacuation totale et définitive du Bassin parisien : pourra-t-on distinguer les maladies radiologiques de celles liées au stress postaccident ? Pour un témoignage saisissant sur la

C'est alors que l'accident de Fukushima remit les pendules à l'heure, en rappelant que, même dans le pays le plus avancé technologiquement, le plus sociologiquement respectueux des normes, l'accident est possible. Certes, l'accident de Fukushima fut déclenché par un tremblement de terre et un tsunami. Mais ces deux risques géologiques n'ont rien de particulièrement improbable dans la zone où ont été implantés les six réacteurs de la centrale : et pourtant ils y ont été implantés ! Ce qui montre l'incapacité des décideurs et ingénieurs à évaluer correctement les risques d'accident. Par ailleurs, cet accident touchait non seulement trois réacteurs en activité, mais aussi un quatrième, à l'arrêt, révélant la dangerosité persistante des barres de combustible nucléaire placées dans une piscine pour « refroidir ». Enfin, on se rendit compte avec effarement, au bout de plusieurs mois de tentatives d'« arrêt à froid », que de nouvelles émissions d'actinides trahissaient le redémarrage sporadique de petites réactions nucléaires parmi les décombres. Le combustible particulier utilisé dans ce réacteur, le MOX français (mélange d'uranium et de plutonium, un million de fois plus radioactif que l'uranium) se révélait infiniment plus dangereux, même à l'état de débris, que l'uranium faiblement enrichi habituellement utilisé. Ainsi, le risque d'accident augmentait au lieu de diminuer avec le « progrès » technique !

Ce qui provoqua aussitôt un début de réflexion salutaire. Jusqu'à présent, on considérait que le risque d'accident était absolument négligeable et d'ailleurs incalculable. À partir de 2011, on dispose d'une forme d'évaluation probabiliste, constatée sur les 14 000 « années-réacteurs » (soit la somme des nombres d'années où les différents réacteurs du monde ont été en fonctionnement)[27]. Sur ces 14 000 ans, le cœur du réacteur a

---

vie après et autour de Tchernobyl, voir Stvetlana ALEXEIEVITCH, *La Supplication. Tchernobyl, chroniques du monde après l'apocalypse*, Lattès, Paris, 1997.

27 Cette conception des probabilités, fondée sur la collecte des seules informations susceptibles de se faire une opinion quantifiable sur les risques réels, fut avancée par J. M. Keynes (encore lui). C'est en effet le seul critère disponible pour un financier rationaliste, par exemple un assureur. Et nous verrons que ce risque « hors bilan » pèse sur le rétablissement du crédit de la France.

fondu cinq fois (une fois à Three Miles Island, une fois à Tchernobyl, trois fois à Fukushima) et des rejets massifs de radioactivité dans l'atmosphère, conduisant à l'évacuation d'une vaste région sans garantir la survie des populations, se sont produits quatre fois (accident « de niveau 7 »). La probabilité constatée de cet accident majeur sur un réacteur est chaque année de 4 ou 5 sur 14 000, selon que l'on prend en compte ou non Three Miles Island, qui n'a pas provoqué de rejet [28]. Quatre accidents de niveau 7 sur 14 000 ans : soit une probabilité annuelle d'accident pour chaque réacteur de 0,00028 (environ 0,03 chance sur 100). Ce qui semble à première vue dérisoire.

Examinons alors le cas de la France et de ses 58 réacteurs. Le risque d'accident dans l'un au moins de ces réacteurs est d'environ de 0,0166 par an, soit 16,6 chances sur 100 au cours de la décennie qui vient. Soit approximativement la probabilité de tirer le six aux dés... ou de se loger une balle dans la tête en jouant à la roulette russe avec un révolver à six coups [29] ! Ce qui donne quand même à réfléchir... Et pour les voisins de la France, la Belgique (dont 54 % de l'électricité est d'origine nucléaire), l'Allemagne (29 %), la Suisse (39 %), l'Italie (où Berlusconi voulait revenir au nucléaire, mais fut contré par un référendum), c'est tout réfléchi : ces pays décident après Fukushima la sortie définitive du nucléaire, selon un échéancier que l'on peut qualifier de « rapide » à « strictement progressif » [30].

Qu'entendre en effet par « sortir du nucléaire » ? On parle de sortie « progressive » du nucléaire quand on se contente de laisser

---

28 On peut objecter que les trois accidents de Fukushima ne comptent que pour un : les chiffres donnés dans la suite du raisonnement devront alors être divisés par deux.

29 Tous ces calculs approximatifs ne sont valables que parce que la probabilité reste quand même faible. Même sur une durée de six décennies, la probabilité d'un accident de niveau 7 en France ne sera jamais égale à 100 %. Mais s'il se produit, le coup – et le coût – en seront incalculables pour le pays. Pour une discussion plus précise des risques, voir Benjamin DESSUS, Bernard LAPONCHE, *En finir avec le nucléaire, pourquoi et comment*, Le Seuil, Paris, 2011.

30 L'Espagne n'a pas formellement pris de décision de cet ordre mais elle s'est donné les moyens de s'y rallier. D'ores et déjà, la majorité de l'électricité espagnole est produite par des énergies renouvelables, par cogénération ou par les meilleures centrales à gaz « cycle combiné ». On peut consulter le cocktail énergétique espagnol du jour, du mois, de l'année sur <http://www.ree.es>.

les réacteurs mourir « de leur belle mort », sans les renouveler. Et on appelle sortie rapide du nucléaire la décision d'arrêter les réacteurs avant qu'ils ne soient amortis. En principe, la plupart des réacteurs du monde ont été prévus, au moment de leur construction, pour fonctionner trente ans. Mais naturellement, au fur et à mesure que l'on approche de leurs dates de fermeture, l'entreprise électrique qui les exploite objecte que cette durée de vie de trente ans était de l'ordre de la pure supposition, que qui dit trente ans peut bien en dire trente-cinq… On peut donc distinguer des variantes plus ou moins strictes de sortie « progressive » du nucléaire, qui posent des contraintes plus ou moins serrées sur les deux autres grands risques énergétiques.

Au niveau mondial, la question n'est pas la plus grave : l'énergie nucléaire ne représente que 16 % de l'énergie électrique mondiale, et 4 % à 5 % de l'énergie totale du monde. À supposer même que l'on ne prenne aucune mesure particulière en matière d'économie d'énergie, une sortie immédiate du nucléaire dans le monde entier se traduirait par une croissance de l'effet de serre « perdue dans l'épaisseur du trait » de la montée en puissance de la Chine ou de l'Inde, qui est le vrai problème. Mais, dans un pays comme la France, qui a longtemps tout parié sur le nucléaire, sortir du nucléaire va encore handicaper la lutte contre le changement climatique.

Car, au fond, par quoi remplacer le nucléaire ? On ramène trop rapidement cette question à une fuite vers les autres sommets du triangle des risques énergétiques. Nous le verrons : principalement, la production nucléaire ne sera pas remplacée du tout ! Même dans un pays nucléarisé comme la France, on peut espérer plus d'économies d'énergie à moyen terme que la production totale actuelle d'énergie nucléaire. Mais ne tombons pas dans l'excès d'optimisme inverse : ces « réserves d'économies d'énergie » (de « négawatts », de watts en moins) doivent servir aussi à lutter contre l'effet de serre [31] !

31 Ce qu'oublient souvent les antinucléaires les plus radicaux, qui en viennent parfois à flirter avec les climato-sceptiques, comme le font aussi certains pourfendeurs des « nécro-

On ne peut plus guère se faire d'illusions sur la possibilité de stabiliser le climat, à l'horizon de 2050, à + 2 °C, c'est-à-dire sur la réalisation du scénario A1b que proposait le Giec et que l'Union européenne ainsi que les conférences de Copenhague et Cancun s'étaient assignées, et que la conférence de Durban, en décembre 2011, n'a pu confirmer. Il exige en effet que les pays développés réduisent leurs émissions de CO_2 de 25 % à 40 % d'ici 2020, par rapport à 1990, et que les pays émergents commencent à réduire leurs émissions à la même date [32]. Plus personne n'y croit. Ce n'est pas une raison pour renoncer à éviter au moins le scénario suivant (scénario B1 du Giec) qui nous promet, lui, un réchauffement climatique à 3,5 °C. Une sortie de la crise-énergie climat implique de lutter parallèlement contre les risques nucléaires et contre ceux du changement climatique (étant entendu que, dans les deux cas, le « risque » est désormais certain). Quelles solutions reste-t-il alors ? Essentiellement trois : la réduction de la demande d'énergie finale par les humains (ce qu'on appelle la « sobriété »), l'amélioration de l'« efficacité » en énergie consommée des dispositifs fournissant aux humains chaleur, transports, et autres usages de l'énergie, et finalement le développement de « nouvelles sources d'énergie », renouvelables et peu dangereuses.

Avant de discuter plus avant, insistons tout de même sur la formidable puissance des lobbies préconisant purement et simplement la poursuite des techniques les plus dangereuses : continuer le nucléaire, ou fracasser le sol pour en extraire du gaz de schiste, etc. La recherche d'une issue à la crise implique de profondes réformes du modèle de développement qui supposent elles-mêmes une remise en cause, qui ne sera pas simple, de la puissance de ces lobbies. Ils insistent en général sur le « coût de *ne pas* continuer comme avant », le coût de la sortie du nucléaire et de la lutte contre l'effet de serre. Mais, même sans

---

carburants ». Malheureusement, une politique écologiste doit lutter contre les trois risques énergétiques en même temps.

32 Même à ces conditions, l'objectif + 2 °C n'est pas garanti ; il est seulement compris dans la fourchette des estimations.

compter le coût des risques environnementaux de « continuer comme avant » (coûts chiffrés par le rapport Stern), ils oublient par exemple le coût financier de la prolongation du nucléaire. Les nouveaux réacteurs proposés par l'industrie française, les « EPR », n'ont pu encore être achevés, et les deux qui sont en construction s'acheminent vers un coût de huit milliards d'euros pièce, soit le coût de chaque « plan de rigueur » adopté en 2011 par le gouvernement français [33]. Mettre le parc français aux normes « post-Fukushima » coûterait une dizaine de milliards d'euros. Allonger la vie des réacteurs français de dix ans coûterait encore une cinquantaine de milliards [34]...

Si l'on veut sortir de l'énergie nucléaire tout en réduisant les gaz à effet de serre émis par les énergies fossiles (charbon, pétrole ou gaz), où peut-on alors trouver de l'énergie ? Essentiellement en se tournant vers les énergies renouvelables offertes gratuitement par la nature. Quelles sont-elles ?

Les énergies qui viennent du Soleil. Celui-ci projette sur la Terre 10 000 fois plus d'énergie qu'elle n'en consomme annuellement. Toute la difficulté est de réussir à capter ce rayonnement ! La méthode la plus ancienne est tout simplement la transformation de ce rayonnement en biomasse par la fonction chlorophyllienne des plantes et micro-organismes. C'est ainsi que l'*Homo erectus* accéda à sa première forme d'énergie, le feu de bois. Le bois reste aujourd'hui l'énergie principale de la majorité des humains en Afrique, en Asie et en Amérique du Sud. Sous des formes extrêmement modernisées, il fait un grand retour dans les pays développés, sous forme de flux de copeaux brûlés dans les chaudières, et l'on espère trouver rapidement des bactéries assez industrieuses pour le transformer en biogaz.

---

33 À l'époque où le coût de l'EPR était encore évalué à trois milliards d'euros, la coopérative d'intérêt collectif « Les 7 Vents du Cotentin » (<http://7vents.fr>) a chiffré un scénario alternatif utilisant la même somme. Elle parvient à économiser ou produire deux fois plus d'énergie avec plus de 10 000 emplois pérennes (moins de 400 pour l'EPR).

34 Évaluations (minimales à mon avis) du rapport de la Cour des comptes, *Le Coût de la filière électronucléaire*, janvier 2012.

La chaleur du Soleil déplace également les masses d'air, elle vaporise la surface des mers. Les vents transportent cette vapeur d'eau jusque sur les montagnes où elle se précipite sous forme de pluie qui revient à l'océan. D'où les deux formes d'énergie historiquement captées dès l'Antiquité : l'énergie hydraulique et l'énergie éolienne.

Les mouvements combinés de la Terre et de la Lune provoquent par ailleurs le phénomène des marées et des courants marins : une énergie qui pour l'instant reste très peu exploitée. Enfin, la compression des roches terrestres par la gravité et le mouvement du magma chauffe le sous-sol : c'est l'origine de la géothermie.

Ne nous faisons pas trop d'illusions, les deux dernières sources d'énergie (énergie des océans, énergie géothermique) ne semblent pas devoir occuper une grande place dans la présente transition énergétique, sauf ponctuellement. L'essentiel de l'énergie renouvelable viendra du Soleil : à travers la biomasse, les éoliennes et centrales hydrauliques, ou encore plus directement par les chauffe-eau solaires et les cellules photoélectriques. Or toutes ces techniques prennent de la place, puisqu'il s'agit, de façon plus ou moins efficace, de capter un flux de rayonnement solaire par mètre carré de sol terrestre.

Tous les projets de transition énergétique planifient donc un certain équilibrage, sous la contrainte des coûts financiers, entre les risques (nucléaires ou climatiques) perçus par la population et la compétition pour l'usage des sols.

Des exemples en Europe. Prenons d'abord l'exemple de l'Allemagne. Ce pays, caractérisé par un réseau dense de petites et moyennes entreprises et une organisation institutionnelle décentralisée en région, a toujours marqué une certaine défiance pour le nucléaire. En outre, pour des raisons que nous n'analyserons pas ici (le souvenir de la Seconde Guerre mondiale, la forte densité de la population notamment), le mouvement écologiste y a toujours été particulièrement puissant. Dès le gouvernement commun SPD-Grünen de

Gerhard Schröder, au début de ce siècle, la décision avait été prise de sortir du nucléaire d'ici 2020. Successeure de Schröder, la physicienne démocrate-chrétienne Angela Merkel dut rapidement céder, au début de la crise, à la pression des industriels « pour ne pas diminuer la compétitivité allemande », que ce soit au nom de la lutte contre l'effet de serre ou de la sortie du nucléaire : elle proclama sa volonté d'investir pour prolonger la vie des centrales. Le choc de Fukushima la fit revenir à la proposition de Schröder avec la même date butoir, ce qui revient à sortir du nucléaire en neuf ans. On peut parler d'une sortie rapide du nucléaire : dès l'année 2011, les huit premiers réacteurs sur vingt-huit sont arrêtés.

La décision d'Angela Merkel n'est évidemment pas dénuée de motivations politiques : significativement, elle suit la victoire des Grünen dans le Bade-Wurtemberg, le Land de la haute technologie qui avait toujours été tenu par la démocratie chrétienne. La chancelière espère bien, au minimum couper l'herbe sous le pied de la propagande écologiste, au mieux préparer une alliance avec les Grünen après les élections de 2013. Mais, plus profondément, la politique menée par le gouvernement SPD-Grünen au début du siècle avait lancé la petite et moyenne entreprise allemande dans le tournant énergétique. En 2011, on estime à 540 000 emplois directs le secteur du renouvelable et des économies d'énergie (contre 130 000 emplois directs dans le nucléaire français), et même la grande industrie allemande trouve son intérêt à la sortie du nucléaire. Siemens, qui était associé à la France pour l'EPR, est de longue date diversifié dans les industries d'économies d'énergie (les transports ferrés) ou les énergies renouvelables (les éoliennes). Ce qui explique les accents triomphants du plan allemand : il ne s'agit pas tant de sortir d'une industrie « périmée » que de conquérir l'hégémonie dans les industries du XXIe siècle.

Dans le détail, on est frappé par l'ampleur du dispositif de planification impliqué par la sortie rapide du nucléaire en Allemagne. Pas moins de huit lois encadrent cette conversion, prévoyant les étapes et les procédures d'ajustement. La couverture de la consommation d'énergie électrique par les énergies renouvelables doit passer de 20 % en 2011 à 35 % en 2020, 50 % en 2030, 65 % en 2040, 80 % en 2050. Dans leş trois dernières décennies du demi-siècle, ce mouvement ne correspond plus à la sortie du nucléaire mais à la lutte contre l'effet de serre.

Au Danemark, le nouveau gouvernement de gauche a décidé d'accélérer le plan conçu par son prédécesseur. Il s'appuie sur un couple « hausse du prix de l'énergie/subvention aux économies d'énergie » pour convaincre les ménages de réduire leur consommation d'énergie de 8 % d'ici 2020. La part de l'éolien atteindra alors 50 % de l'énergie électrique et les émissions de GES seront réduites de 35 % par rapport à 1990. Le Danemark, qui n'a pas d'énergie nucléaire, espère ne plus avoir recours aux énergies fossiles pour la chaleur et l'électricité en 2035.

Le cas de la France. La France est le pays le plus nucléarisé du monde : 77 % de son électricité provient du nucléaire. En revanche, l'électricité ne couvre que 30 % de son énergie finale. Sortir du nucléaire en France est donc un redoutable problème pour les usages strictement électriques, mais la menace résultante sur l'effet de serre est moins forte qu'en Allemagne [35].

Pour des raisons historiques, les grands partis de gouvernement (de la droite, de la gauche et jusqu'au Parti communiste) sont pronucléaires : ils voient dans le nucléaire la condition de l'indépendance française, ce qui est bien entendu faux, puisqu'il n'existe plus de mines d'uranium en France et que la lutte désespérée pour contrôler les mines du Niger (qui fournissent 60 % de l'uranium consommé en France) entraîne le pays dans une politique de moins en moins défendable au Sahel, impliquant la diplomatie et des commandos dans des

---

35 La France est surtout moins efficace que l'Allemagne et consomme plus d'énergie fossile dans les transports. Voir « L'énergie en France et en Allemagne : une comparaison instructive », *Les Cahiers de Global Chance*, n° 30, septembre 2011.

affrontements croissants avec les Touaregs, avec Al-Qaida au Maghreb islamique, avec les Chinois…

La réflexion française se limite donc à l'opposition écologiste. Deux réseaux associatifs collaborent et rivalisent dans la réflexion pour la transition énergétique. D'une part, le réseau « Sortir du nucléaire », partisan d'une sortie rapide (c'est-à-dire sans amortir les centrales), et, d'autre part, le réseau de recherche « Négawatt », qui a opté pour une sortie progressive, c'est-à-dire en déclassant les centrales arrivées à la trentième année [36].

Outre le fait qu'il est le plus crédible politiquement compte tenu de la résistance des élites, l'intérêt de Négawatt est qu'il traite en parallèle et indissociablement la transition vers une économie décarbonnée et dénucléarisée. Ce qui implique, on l'a vu, une lutte sur trois fronts :

– La « sobriété », c'est-à-dire une réduction de l'usage des services énergétiques. Il ne s'agit pas seulement de mettre un pull-over plutôt que pousser le chauffage chez soi, ou de rouler plus lentement (encore que l'effet de cette dernière mesure soit potentiellement énorme et « sans regrets », puisque son premier effet visé est la réduction des accidents de la route). Il s'agit plus généralement d'une sobriété « dimensionnelle » (ne plus surdimensionner l'équipement d'éclairage, de chauffage…), d'une sobriété d'« usage » (ne plus illuminer *a giorno* les immeubles de bureaux et certains segments d'autoroute…), d'une sobriété « conviviale » (par exemple, réduire volontairement l'usage de l'automobile individuelle, par les transports en commun, le covoiturage, la marche à pied et les circulations douces [37]).

– L'« efficacité » énergétique, la réduction de la quantité d'énergie utilisée pour le même service. Efficacité « à la consommation » : dans les transports (et l'on peut considérer que le

---

36 À pied, à vélo : là encore c'est une stratégie sans regrets, quand l'État doit dépenser de l'argent en publicité pour inciter les Français à marcher trente minutes par jour !

37 <www.sortirdunucleaire.org>, <www.negawatt.org>

basculement vers les transports en commun en fait également partie), mais surtout dans l'isolation des logements et autres bâtiments ; efficacité « à la production » (avec des machines au rendement plus élevé).

– Les énergies renouvelables. Selon Négawatt, les deux premières étapes représentent deux tiers de l'effort. C'est seulement pour satisfaire le troisième tiers (l'énergie qu'il va bien falloir produire en 2050) que Négawatt se tourne vers les énergies renouvelables, tout en reconnaissant une place aux énergies fossiles, comme volet d'adaptation entre la décroissance du nucléaire et la montée en puissance des économies d'énergie ou renouvelables.

Il n'y a rien de scandaleux à maintenir un certain niveau d'utilisation des énergies fossiles, et c'est encore plus vrai pour l'Allemagne, ou tout autre pays qui se lancerait dans la stratégie de la sortie rapide du nucléaire. Toutes les énergies fossiles n'ont pas le même effet de serre. Le charbon est 40 % plus polluant que le pétrole, le gaz est 30 % moins polluant que le pétrole ; remplacer une centrale à charbon par une centrale à gaz représente donc déjà une réduction de moitié du gaz à effet de serre, à production d'électricité égale. Mais on peut faire encore mieux, soit en combinant la chaleur produite et l'électricité produite (cogénération), soit en utilisant « deux fois » l'énergie produite par la combustion du gaz (cycle combiné) [38].

Le scénario Négawatt ne présuppose pas de rupture technologique majeure, ni du côté de la captation du carbone (pas de biocarburant de troisième génération) ni du côté de la captation directe du Soleil (films photovoltaïques à bas prix). Les cheminements qu'il propose n'en sont que plus impressionnants.

Négawatt a déjà produit deux scénarios, l'un en 2006, l'autre en 2011. Le premier scénario (celui de 2006) était, quoi

38 Les centrales thermiques à charbon ou à mazout et même les centrales nucléaires, fonctionnent en chauffant un fluide (en général l'eau) qui à son tour actionne une turbine à vapeur. Dans le cas du gaz, la combustion a lieu directement dans la turbine, et c'est elle qui fait tourner un arbre à pales. Mais l'air qui sort de la turbine est encore très chaud : il peut être utilisé à son tour comme dans une centrale thermique ordinaire.

qu'en disent ses auteurs, assez *top-bottom* (planifié du haut vers le bas). On s'assignait deux objectifs, la sortie progressive du nucléaire et la réduction d'un facteur 4 de la production de gaz à effet de serre d'ici 2050, et on répartissait un peu à la louche l'effort entre les trois volets – sobriété, efficacité et énergies renouvelables. Le scénario de 2011, au contraire, est clairement *bottom-up* : il part des efforts que l'on peut réaliser dès le niveau de la consommation (sobriété, efficacité) pour remonter, secteur par secteur et forme d'énergie par forme d'énergie, vers les sources de la production d'énergie. On s'aperçoit alors que, non seulement il est possible de sortir du nucléaire d'ici 2032 (date où la dernière centrale mise en service atteindra ses trente ans), mais qu'il y a de la marge en matière de réduction de l'effet de serre. Non seulement la France peut respecter un engagement de réduction d'un facteur 4 en 2050, mais elle peut faire encore quatre fois mieux ! Pour Négawatt, c'est une façon de « payer la dette écologique », car la justice environnementale exige non seulement que tous les pays se retrouvent vers le milieu du siècle à produire à peu près la même quantité de gaz à effet de serre par habitant [39], mais encore faut-il que la contribution au stock de gaz à effet de serre accumulés dans l'atmosphère avant cette date soit la plus faible possible. Et la France, l'une des plus anciennes puissances industrielles du monde (après la Grande-Bretagne, la Belgique et l'Allemagne), a contracté une dette importante vis-à-vis du reste de l'humanité. Viser un facteur 16 (et non 4) de réduction de gaz à effet de serre pour 2050 est une façon de diminuer la part de la France dans le stock de gaz carbonique émis.

Bien entendu, cette généreuse ambition n'a pratiquement aucune chance politique d'être retenue : ce sera déjà bien, quoique dangereux, de sortir du nucléaire en vingt ans, et de réduire d'un facteur 4 les gaz à effet de serre pour 2050. Mais

39 Le Center for Science and Environment de New Delhi a proposé dès la conférence de Rio (1992) d'utiliser, comme clef de répartition des quotas entre les pays, la population de 1990, afin de favoriser les pays qui pratiqueraient une politique de contrôle des naissances.

voyons de plus près ce que cela implique du point de vue du développement des renouvelables.

Par rapport à un scénario tendanciel prenant en compte la croissance de la population de la France métropolitaine (de 65 millions à 72,3 millions), le scénario Négawatt de 2011 réalise tout d'abord le gros des économies d'énergie dans le bâtiment (– 63 %), puis les transports (– 67 %) et enfin l'industrie (– 50 %). Cela implique, après une période de montée en puissance, une rénovation de 750 000 logements par an ! On espère ainsi atteindre une consommation de 40 kWh par mètre carré pour les besoins de chauffage (quatre fois moins qu'aujourd'hui). En revanche la consommation d'électricité spécifique (celle qui n'est pas transformée en transport ou chaleur : pour la lumière, l'ordinateur, la télévision, les machines à laver…) ne pourra baisser que de 30 % par rapport à 2010.

Un mot sur la voiture individuelle. Eh bien, rassurez-vous, le scénario ne prévoit qu'une réduction de 25 % du total de kilomètres parcourus par personne et par an, mais la voiture ne représente plus que 42 % de ces déplacements contre 63 % actuellement. On voit le caractère raisonnable de la sobriété et de l'efficacité conviviale exigées des Français…

Négawatt donne une importance considérable à la production d'énergie renouvelable décentralisée sous forme de biomasse, et plus précisément de biogaz, tiré essentiellement de la fermentation de la biomasse, d'où l'importance du couplage de Négawatt avec le scénario Afterres. Parfaitement conscient des risques du troisième sommet du triangle énergétique, Négawatt 2011 s'assure de l'espace nécessaire pour produire de la paille et des broussailles en quantité suffisante pour ne toucher ni à *Forest* ni à *Food*.

Selon ce scénario, la France reste donc une grande puissance agricole mais, comme au XIXe siècle où elle a consacré un sixième de ses terres cultivables à produire l'avoine pour ses chevaux, la campagne française redevient une grande productrice d'énergie de traction. Si la combinaison de la sobriété et de l'efficacité exige, en 2050, 2,2 fois moins d'énergie que dans le scénario tendanciel pour satisfaire les besoins de la société française, la mutation dans les sources de cette énergie est impressionnante. Bien sûr, il y a l'éolien : la puissance installée est multipliée par 3,5 d'ici 2020 et à nouveau par 2 d'ici 2050, soit finalement 17 400 éoliennes... moins d'une pour deux communes ! Cet équipement éolien terrestre s'accompagne d'une montée en puissance de l'éolien *off shore*. Le voltaïque quant à lui atteindrait environ 90 Twh, soit moins que la contribution de la biomasse solide (le bois) aujourd'hui. Dernière contribution : la biomasse qui croît selon une courbe parallèle à celle de l'éolien, mais alors que celui-ci part pratiquement de zéro aujourd'hui, la biomasse verrait sa contribution plus que doubler d'ici 2050 et deviendrait de loin la source majeure de l'énergie française. Selon Négawatt, c'est sur le développement d'un système moderne de valorisation de la biomasse que repose avant tout la transition énergétique. On a vu que le scénario Afterres offrait l'espace au sol, mais ce n'est pas tout : les résidus de l'agriculture, les déjections de l'élevage, les ordures ménagères offrent une réserve considérable de gaz (ou de liquide selon le traitement). Au total, les différentes sources de biogaz devraient représenter 45 % de l'énergie primaire à l'horizon 2050.

Décidément très « gazier », Négawatt voit aussi dans le gaz la solution principale au problème de la distribution dans le temps de ces sources d'énergie saisonnières, intermittentes et « fatales » (expression qui signifie qu'on ne peut pas décider à quel moment on la produit), que ce soit la biomasse, le vent, la pluie ou l'ensoleillement... Car il ne s'agira plus de stocker marginalement l'énergie entre le jour et la nuit ou entre les semaines, en pompant l'eau des barrages vers les lacs supérieurs (ce qui est concevable dans une île tropicale comme La Réunion), mais de restituer des centaines de gigawatt-heures produits en été et consommés en hiver : et seul le stockage sous forme de gaz artificiel semble réaliste pour les auteurs du scénario [40].

---

40 Le gaz naturel (tiré de la Terre), le biogaz (obtenu par fermentation des produits organiques) ou le gaz artificiel (obtenu par électrochimie) sont des mélanges à peu près substi-

Finalement, le scénario Négawatt est très clairement orienté contre le gaz à effet de serre, à un niveau que l'on pourrait presque qualifier de trop généreux, surtout dans sa version 2011. Il accepte partiellement de « jouer à la roulette russe » avec le nucléaire... Les cœurs faibles observeront que, dans ce schéma de sortie progressive du nucléaire, il reste vingt-quatre réacteurs nucléaires en 2022, que donc la décennie 2012-2022 se déroulera avec en moyenne quarante et un réacteurs en fonctionnement, et selon le calcul précédent, 12 % de chances d'accident majeur. Dans la décennie 2022-2032, il restera en moyenne quinze réacteurs, soit 4 % de chances d'accident. La probabilité totale d'un accident reste de l'ordre de 16 % : toujours une chance sur six, soit un essai de roulette russe, mais un seul (et non un par décennie). Les esprits forts, notamment au Parti socialiste français, au Parti communiste et à droite, estimeront certainement que c'est un risque à courir, et que « ça s'est bien passé les deux dernières décennies [41] ».

---

tuables. Ainsi une énergie non stockable est transformée en molécules combustibles (méthane, etc.) qui, elles, sont parfaitement stockables, et dont la combustion restitue à l'atmosphère le gaz carbonique fixé la même année par la fonction chlorophyllienne ou par la chimie de synthèse. Cette perspective diffère de la vision courante qui privilégie le stockage de l'énergie dans des batteries (accumulateurs électrochimiques), à base d'hydrogène ou autres métaux alcalins (lithium, etc.) qui, après avoir été obtenues (en été) par électrolyse, restituent par une réaction chimique (par exemple au contact de l'oxygène) leur énergie potentielle. Pour les chercheurs privilégiant le stockage en batteries, le risque serait la dépendance à l'égard des rares pays producteurs de lithium, comme la Bolivie, quoique d'autres métaux alcalins abondent. La solution de la pile à hydrogène (qui n'est elle aussi qu'un accumulateur d'énergie produite auparavant) prônée par Jeremy Rifkin (*L'Économie hydrogène. Après la fin du pétrole, la nouvelle révolution économique*, La Découverte, Paris, 2002), ne pose pas ce problème mais pourrait être plus dangereuse et compliquée au stockage que le gaz.

41 Le plus grave accident français fut l'accident de Saint-Laurent des Eaux de 1980 (fusion de deux éléments à l'intérieur du cœur à la suite d'une panne de refroidissement). Mais, du point de vue qui nous concerne ici (l'évaluation des risques), la gravité d'un accident ne se mesure pas qu'à son effet final, car on peut « avoir eu de la chance » après l'accident. L'accident français le plus « préoccupant » fut l'inondation de la centrale du Blayais par la tempête « millénaire » du 27 décembre 1999. Mais, ce jour-là, tout le monde était sur le pont, mobilisé par l'attente du bug de l'an 2000 ! De même, le troisième accident en gravité après Tchernobyl et Fukushima, celui de Kychtym en 1957, longtemps tenu secret par les Soviétiques, et qui peut être attribué à l'enfance de l'industrie et au volontarisme stalinien, est moins « préoccupant » pour un assureur que l'accident de Forsmark de 2006 en Suède, où la fusion du cœur par suite d'une panne électrique du circuit de refroidissement n'a été évitée qu'à sept minutes près.

Les cœurs faibles, considérant que le scénario Négawatt de sortie progressive, en vingt ans, est « irresponsable », tant il tolère un risque gravissime, se tourneront alors vers les scénarios de sortie en cinq ou dix ans que propose le réseau Sortir du nucléaire [42]. Ces scénarios posent des contraintes nettement plus fortes en matière de sobriété, et engendrent des dégagements nettement supérieurs de gaz carbonique dans les premières années… Ainsi, dans le scénario de sortie en dix ans, la consommation d'énergies fossiles pour la production d'électricité serait de 20 % plus forte que la consommation actuelle, laquelle, comme EDF s'en vante assez, n'est pas très forte. Pourtant, d'ici huit ans, la France devra réduire d'au moins 30 % sa production de gaz à effet de serre, et non pas l'augmenter, si peu que ce soit ! Les scénarios de Sortir du nucléaire, ouvertement « irresponsables » par rapport à l'effet de serre, ont du moins l'avantage de relativiser l'effort supplémentaire à accomplir, par rapport au scénario Négawatt de 2011, si l'on souhaite une sortie « rapide » du nucléaire.

Les accusations réciproques d'irresponsabilité entre partisans des scénarios Négawatt et Sortir du nucléaire ont fait le plus grand tort à la mobilisation pour la transition énergétique, en particulier à la veille de Copenhague. En réalité, nul ne peut faire semblant d'ignorer le poids de plus d'un demi-siècle de productivisme. À moyen terme (c'est-à-dire dans cinq à dix ans), il y aura toujours trop de centrales nucléaires en activité *et* trop d'émissions de gaz à effet de serre, en France et sur la planète. Pour reprendre la plaisanterie qui ouvre ce chapitre, si nous avions pu choisir le point de départ de la transition au *Green Deal*, nous ne serions pas partis de la crise du libéral-productivisme ! L'humanité est condamnée à louvoyer pendant deux ou trois décennies entre les trois sommets du triangle des risques énergétiques, et la France tout particulièrement.

---

42 Voir Réseau Sortir du nucléaire, « Nucléaire : comment en sortir ? Études sur la sortie du nucléaire en cinq ou dix ans », 2007, texte disponible sur <http://sortirdunucleaire.org>.

Mais elle risque d'être bousculée par la pression internationale. Les électeurs écologistes français auront très probablement la plus grande peine à convaincre les partis traditionnels d'adopter une forme, même laxiste, de sortie progressive du nucléaire. Cependant, rappelons que le risque d'accident nucléaire majeur est couvert en France par une garantie implicite de l'État, hors bilan, et non par l'assurance privée. Une banque ou un fonds qatari qui prête à l'État français inclura sans doute dans son calcul l'espérance mathématique d'un accident nucléaire (sa probabilité multipliée par son coût), et supposera avec raison que la France exigera un moratoire sur le remboursement de sa dette en cas d'accident. Ce qui justifiera sans doute le *spread* imposé dès 2011 aux emprunts français par rapport au taux d'intérêt exigé de l'Allemagne, la perte de son triple A, et bien au-delà au fur et à mesure que seront publiées de nouvelles évaluations sur le risque-pays provoqué par l'entêtement pronucléaire de l'État français [43]. Si donc, comme il est probable que cela se passe, une certaine forme de « fédéralisme budgétaire » se met en place au niveau européen, les voisins de la France se trouveront automatiquement impliqués dans cette garantie « hors bilan » accordée au nucléaire français. Or ces pays développent depuis 2011 un effort parfois considérable pour sortir rapidement du nucléaire. Il est très vraisemblable qu'ils n'accepteront pas de se porter solidairement garantie d'un État qui reste asservi à un risque aussi énorme, dont l'Union soviétique et le Japon donnent une pâle mesure (car les zones à évacuer en France seraient bien plus densément

43 Bien entendu, l'endettement réel des administrations françaises est avant tout l'effet des politiques libérales depuis la chute, en 2000, de Christian Sautter, dernier ministre des Finances à avoir voulu désendetter l'État en période de vaches grasses, au grand scandale de tous les libéraux (et, curieusement, de certains keynésiens) qui lui reprochèrent de vouloir se constituer une « cagnotte ». Sur les succès macroéconomiques et les erreurs de la majorité PS-PCF-Verts de 1997-2002, voir mon livre *Refonder l'espérance. Leçons de la majorité plurielle*, La Découverte, Paris, 2002. Ensuite, l'accumulation des baisses d'impôts par les majorités de droite successives aurait coûté au final, en 2010 et en année pleine, 90 milliards d'euros par an !

peuplées que celles de Tchernobyl et de Fukushima). Ils exigeront que la France procède à une sortie rapide du nucléaire.

Les instruments de la transition. Comme les scénarios de l'Académie des sciences ou de Solagro sur la transition alimentaire, les scénarios de la transition énergétique semblent pécher par leur inachèvement. Ils expliquent ce qui pourrait se faire, mais ne disent pas comment y parvenir. Toutefois, les questions de la planification écologique, c'est-à-dire du passage du virtuel au réel, sont depuis plusieurs années un champ de réflexion théorique et d'expérimentation en vraie grandeur. Depuis l'accord de Kyoto, l'humanité tout entière (ou du moins les pays ayant ratifié l'accord) s'est assigné des objectifs « en volume », avec un échéancier, de réduction des émissions de gaz à effet de serre. L'Union européenne redéfinit d'année en année la répartition de la charge ainsi assumée sur ses différents pays, avec périodiquement une procédure législative, impliquant le Parlement européen et le Conseil européen, pour repréciser les objectifs et renforcer les instruments. La sortie du nucléaire n'est pas de compétence européenne, mais les pays qui en ont accepté l'objectif précisent par un ensemble de lois et de plans concrets les moyens d'y parvenir. Quels sont ces instruments ?

Il y a d'abord les instruments physico-financiers. L'État décide d'obtenir tel résultat et investit lui-même le budget pour y parvenir. Cela va des investissements en transports en commun aux subventions à l'isolation des bâtiments publics, répondant à tel ou tel objectif chiffré à l'avance. Ici la planification par objectifs, en termes physiques, se confond presque directement avec la programmation budgétaire.

Beaucoup plus décentralisé, sans implication budgétaire apparente, mais de nature toujours strictement politique (législative ou réglementaire), nous avons l'instrument des normes. C'est l'outil principal de la lutte pour l'efficacité énergétique. Mais attention ! Définir des normes (réduction de la consommation énergétique des voitures, des machines à laver, amélioration obligatoire des vitrages et mètres carrés d'isolation...) n'implique absolument pas une limitation dans la quantité totale d'énergie finalement consommée. Si le propriétaire d'une voiture énergiquement plus performante profite de cette qualité pour parcourir plus de kilomètres, le résultat pour la collectivité (et pour l'atmosphère) est rigoureusement nul. C'est ce que l'on appelle l'« effet rebond » : si les usagers n'assument pas eux-mêmes une lutte pour la sobriété, tout progrès technique dans l'efficacité est effacé par une croissance des gaspillages.

La possibilité de l'effet rebond ne doit toutefois en aucun cas être invoquée contre les efforts pour améliorer l'efficacité énergétique. Bien au contraire, la croissance de l'efficacité compte pour près du tiers dans la sortie du triangle des risques énergétiques ! L'efficacité, c'est ce qui permet à une sobriété modérée de réduire de façon considérable la consommation d'énergie primaire, sans diminuer dans les mêmes proportions les services que l'humanité attend de l'énergie (motricité, chauffage, éclairage, usage du matériel audiovisuel et informatique...).

Toujours strictement politique et répondant directement à l'objection de l'effet rebond : la politique des quotas. C'est l'instrument de l'accord de Kyoto et l'instrument fondamental de l'Union européenne en matière climatique. Il s'agit encore d'une planification en termes physiques : on fixe chaque année l'objectif global, réparti entre les différents pays, de réduction des émissions de gaz à effet de serre. Cette politique extrêmement administrative et rigide (c'est la plus proche de la planification soviétique) peut être adoucie par des mesures de flexibilité. Par exemple si, dans l'Union européenne, un certain quota global est attribué à l'ensemble de l'aviation civile, une compagnie aérienne en pleine expansion et qui craint d'avoir épuisé son quota avant la fin de l'année peut racheter les quotas en surnombre dont dispose une autre compagnie, soit qu'elle ait connu des déconvenues commerciales, soit qu'elle ait remarquablement accru son efficacité énergétique, par exemple en changeant la motorisation de ses avions. Le marché des quotas ne perturbe en aucune manière la quantité totale planifiée de gaz à effet de serre. Il permet d'encourager les efforts là où ils sont les plus efficaces. Les critiques qui lui sont parfois adressées relèvent purement et simplement d'une idéologie antimarché mal informée [44].

Enfin, nous avons le mécanisme le plus décentralisé, flexible, et conforme à la logique marchande du libéralisme économique : les écotaxes, ou mieux « pollutaxes ». Elles ne sont rien d'autre que des impôts indirects prélevés sur les échanges marchands, comme il en existe depuis l'Antiquité. Mais, à côté de leur motivation budgétaire (financer le budget de l'État ou d'une collectivité territoriale), le choix de leur base fiscale, ici la pollution émise, vise à dissuader, dans la mesure du possible, le contribuable-pollueur d'émettre inutilement la pollution correspondante.

En réalité, le but d'une pollutaxe est plus complexe à analyser [45]. Il peut s'agir d'une pure dissuasion (c'est-à-dire d'une forme atténuée d'interdiction : une sorte d'amende) ou au contraire d'un mécanisme de financement de la réparation physique (comme les taxes d'assainissement de l'eau : c'est le principe pollueur-payeur), voire d'un mécanisme d'indemnisation (comme les assurances au tiers obligatoires). C'est d'ailleurs cette troisième motivation qui est à l'origine de l'invention des écotaxes par l'économiste anglais Alfred Pigou [46]. Observant que les locomotives à vapeur produisaient des étincelles qui mettaient parfois le feu dans les champs qu'elles traversaient, il proposa de faire payer aux compagnies de chemin de fer une taxe destinée à couvrir les dédommagements dus aux

---

44 Il est évident que les mécanismes de marché des quotas, comme n'importe quel mécanisme humain, peuvent faire l'objet de fraudes, de dysfonctionnements... Mais il n'y a aucune raison de penser qu'une législation interdisant les échanges de quotas serait plus efficace contre la fraude, comme le montre l'existence de la contrebande.

45 Voir mon livre *Qu'est-ce que l'écologie politique ?, op. cit.*, ou mon rapport « Économie politique des écotaxes », *Conseil d'analyse économique* n° 8, La Documentation française, Paris, 1998, <http://lipietz.net>.

46 Alfred C. Pigou, *Wealth and Welfare*, Macmillan, Londres, 1912.

exploitants agricoles. Il s'agit donc d'inclure le coût (probabilisé) des dommages infligés à l'environnement dans les prix de revient des compagnies de chemin de fer : on dit que dans ce cas l'écotaxe-assurance « internalise les coûts externes ». Mais Pigou remarqua aussitôt que l'on pouvait instituer un bonus/malus sur ces taxes, incitant les compagnies à choisir les locomotives les moins dangereuses pour les riverains. Cet aspect incitatif d'une taxe qui a fondamentalement la nature d'une assurance au tiers est l'essentiel de ce qu'on a retenu de la proposition de Pigou : on parle de taxe « pigouvienne » pour une écotaxe destinée, en « internalisant les coûts externes », à inciter ou à dissuader du choix de telle ou telle technologie plus dangereuse pour l'extérieur.

Quant à l'efficacité réelle des écotaxes, elle est incontestable, quoi qu'on en dise. L'économétrie montre que les automobilistes, d'un pays à l'autre, ou d'une année à l'autre dans le même pays, modifient le nombre de kilomètres parcourus en fonction des variations du prix du carburant. Les écotaxes sont donc une méthode extrêmement efficace pour éviter l'effet rebond. Et si l'on croit aux modèles économiques qui établissent une correspondance assez stricte entre les prix imposés et les quantités demandées, c'est aussi un outil de planification « par les prix » extrêmement... libéral, au bon sens du terme : « Vous faites ce que vous voulez, mais alors vous payez. »

De la planification écologique

Les économistes opposent traditionnellement deux caractères possibles d'un modèle capitaliste : « libéral » et « dirigiste ». Dans un modèle libéral, les entreprises choisissent elles-mêmes ce qu'elles vont proposer sur le marché, et à quel prix. Dans un modèle dirigiste, l'État essaie, par divers moyens, d'orienter ces décisions en fonction de buts collectifs définis plus ou moins (ou pas du tout) démocratiquement. La « planification » est un de ces moyens.

Depuis quelques années se multiplient les « plans », la plupart imposés, en France, par une directive européenne, et dans la plupart des cas relatifs à la protection de l'environnement. Un « plan », c'est un objectif chiffré en mesure physique (réduction du tonnage de CO_2, pourcentage de canalisations anciennes mises aux normes sans plomb, part des appareils domestiques à consommation limitée...), accompagné d'un échéancier.

Si la plupart de ces plans, au niveau européen, ont été longuement discutés par les europarlementaires en liaison avec les associations et les administrations, ce qui manque fondamentalement, c'est une « planification », un processus d'élaboration collective et de mise en cohérence de ces plans. Dans « planification », ce qui importe avant tout, c'est « *-fication* », « faire » le plan ! Une planification doit être démocratique : la société décide que « ça vaut le coup » de centrer ses efforts sur l'obtention du résultat, dans les délais annoncés, et discute la manière de s'y prendre, avec un partage des rôles entre l'État et l'initiative privée. Ce style de planification était d'ailleurs jadis appelé « planification à la française ». D'une certaine façon, le Grenelle de l'environnement a représenté un retour avorté à la planification à la française.

Ce grand retour de la planification par objectifs, avec ces plans physiques et contraignants dans le temps, est évidemment lié à l'urgence des crises écologiques. C'est une forme efficace de mobilisation des acteurs (entreprises et ménages) avec un horizon temporel. Acteurs face auxquels l'État s'engage sur une batterie de mesures d'accompagnement et d'investissements publics. C'est pourquoi les méthodes erratiques des gouvernements qui se sont succédé en France dans la décennie écoulée, et les remises en cause perpétuelles des objectifs du Grenelle de l'environnement (par exemple sur le photovoltaïque), sont particulièrement nocives.

Cependant, malgré cette urgence, la planification (contrairement aux « plans », allez savoir pourquoi) a mauvaise presse du fait du sinistre souvenir de la « planification à la soviétique ».

C'est que la fixation d'un objectif ne préjuge pas de la manière de l'obtenir. Dans le cas des directives européennes ou des accords internationaux comme Kyoto, qui assignent les objectifs de réduction de gaz à effet de serre aux différents pays, les gouvernements nationaux gardent la responsabilité d'obtenir ce résultat, par les moyens qu'ils jugeront bon.

Mais l'Europe commence à édicter des plans contraignant directement les grandes entreprises elles-mêmes à respecter, par exemple, des objectifs de réduction des émissions de gaz à effet de serre, ou les astreignant à des réserves stratégiques de pétrole et de gaz. Ces méthodes administratives de planification sont cependant assouplies par la possibilité laissée aux entreprises d'échanger entre elles les quotas qui leur sont attribués. La plupart des écologistes approuvent cette méthode (d'ailleurs recommandée dès la conférence de Rio, en 1992, par le regretté Anil Agarwal, prix Nobel alternatif). Ce qu'ils critiquent, c'est au contraire le laxisme dans la distribution des quotas et la possibilité d'échanger des quotas de réduction bien mesurables contre des réductions bien hypothétiques obtenues dans les pays en voie d'industrialisation (par des « Mécanismes de développement propre »).

Des méthodes administratives aussi brutales seraient intolérables si on les appliquait directement aux individus, en leur assignant des quotas de pollution ! Chaque individu, chaque ménage est différent. L'un habite une région froide, l'autre une région tempérée, l'un exerce un métier physique, l'autre travaille dans un bureau climatisé... De même, la méthode des quotas est inapplicable pour les petites et moyennes entreprises : il faudrait beaucoup trop de contrôles. Pour les centaines de millions de « petits pollueurs » européens, les économies d'énergie, de matière ou de pollution doivent plutôt être incitées par des écotaxes, avec des subventions aux équipements économes.

Ce refus des quotas obligatoires par personne, incompatibles avec la diversité et l'autonomie des individus, ne peut même pas être assoupli par la possibilité d'échanger ces quotas, car cela conduirait les plus pauvres à les revendre à des « usuriers atmosphériques ». Les écologistes préconisent au contraire des droits, assimilables aux autres droits de la personne humaine, et à ce titre inaliénables, à un quota minimum d'eau et d'énergie.

Écologiquement nécessaire, la planification est économiquement efficace, avec un échéancier qui engage l'État vis-à-vis des acteurs privés, en leur proposant un horizon qui leur permet de faire des choix risqués mais probablement nécessaires, choix que le marché n'indiquerait pas spontanément, car il ignore les contraintes écologiques. « Le Plan ou l'anti-hasard », disait Pierre Massé [47]. Mais la planification sera-t-elle politiquement souhaitée, acceptée ?

À la Libération, pour reconstruire la France et l'engager dans la modernisation productiviste (le fordisme), les ex-résistants, gaullistes, démocrates chrétiens, socialistes et communistes fondèrent le Commissariat général du plan. Dix ans plus tard, l'échec de l'Union soviétique était déjà si patent que l'on commençait à opposer « *le* plan » (soviétique, inefficace) et « *la* planification à la française » (incitative, organisatrice). Mais le général de Gaulle continuait à définir le Plan français comme une « ardente obligation ».

Aujourd'hui, l'ardente obligation, nous la connaissons : sauver la planète, recoudre une humanité déchirée, garantir la nourriture de 9,3 milliards d'humains quand dès aujourd'hui, sur 7 milliards d'individus, 1 milliard sont sous-alimentés. Le Giec nous a fixé les délais : nous devons d'ici 2020 enrayer la dérive de l'effet de serre en réduisant d'un tiers nos émissions de GES et cela – Fukushima nous l'a rappelé –, tout en sortant du nucléaire le plus vite possible. La France, l'Europe, le monde, devraient d'ores et déjà fonctionner selon les règles d'une économie mobilisée, tendue vers des buts à atteindre dans des

47 Pierre Massé, *Le Plan ou l'anti-hasard*, Gallimard, Paris, 1965.

délais donnés et rapprochés. Souhaitons que l'humanité n'attende pas la veille de l'apocalypse… ou l'an quarante [48] !

La planification écologique est encore dans l'enfance. Déjà on repère les effets pervers de chaque mécanisme, et chacun de ces effets pervers sert aussitôt de prétexte pour ne rien faire. L'humanité aura besoin au contraire d'apprendre à développer ces mécanismes et à éliminer leurs effets pervers. Mais nous ne voulons jamais oublier qu'en matière de planification, ce qui compte avant tout, ce n'est pas le mécanisme, mais la définition démocratique des buts à atteindre. Sortir du triangle des risques écologiques suppose avant tout que l'on décide d'arbitrer entre le risque d'une explosion nucléaire, la certitude d'une dérive du climat, et la pression sur les prix agricoles que peut provoquer une extension de la biomasse-énergie. Puis, si la société décide de s'évader du triangle, elle aura à décider si elle privilégie la sobriété ou l'efficacité. Ce qui revient tout de même à choisir entre deux formes d'hédonisme… C'est la redoutable question du « désir » (politique) d'un *Green Deal* que nous allons examiner pour conclure.

---

48 Le documentaire *The War* nous a récemment rappelé l'extrême rapidité de la conversion des États-Unis à l'économie de guerre. Quelques mois après Pearl Harbour (décembre 1942), Ford ne produisait plus que des avions militaires, et travaillait en 3 × 8, sept jours sur sept… tout en restant privée ! C'est uniquement le passage à une économie mobilisée par la commande publique qui avait permis cette conversion réalisant le plein-emploi.

5

Le difficile chemin du Green Deal

La possibilité d'une « prospérité sobre et verte [1] », assurant la sauvegarde de l'environnement et conduisant au plein-emploi, avec une équité accrue entre les êtres humains, n'implique pas sa faisabilité politique. La meilleure expérience que nous ayons d'une grande crise approchant l'ampleur de celle à laquelle nous faisons face est l'expérience de la Grande Dépression des années 1930, parce que ces deux crises ont en commun à la fois la dimension globale et l'aspect « libéralisme économique » [2]. Dans les

1 Il existe maintenant toute une littérature sur la sortie écologiste de la grande crise du début du XXIe siècle. Par exemple, en Grande-Bretagne, Tim Jackson avec *Prospérité sans croissance. La transition vers une économie durable*, *op. cit.* En Belgique, Jean-Marc Nollet avec *Le Green Deal. Proposition pour une sortie de crises*, Le Cri, Bruxelles, 2008. Ou encore aux États-Unis, Lester R. Brown, *Basculement. Comment éviter l'effondrement économique et environnemental*, Souffle Court, Bernin, 2011. Leurs argumentations et leurs propositions sont tout à fait compatibles avec le présent livre, dont l'originalité est d'enraciner l'analyse dans l'approche de la régulation.

2 Un autre point commun fut l'aveuglement général à la veille de l'éclatement de la crise, y compris chez les keynésiens, à l'exception de Joseph E. Stiglitz (voir *La Grande Désillusion*, Fayard, Paris, 2002) et de quelques autres qui, pour la plupart, attendaient au plus une crise « à la Minsky », et quelques-uns, plus rares, une crise de sous-consommation. Voir par exemple Jean-Paul Fitoussi et Jacques Le Cacheux (dir.), *L'État de l'Union européenne 2007*, Fayard/Presses de Sciences Po, Paris, 2007, ouvrage fort lucide sur les faiblesses propres de la construction européenne et la montée d'une crise de la distribution des revenus (retour à l'« austérité compétitive »), mais bien entendu totalement imperméable à la crise écologique déjà ouverte. Pour ma part, après avoir souligné, en termes tout à fait abstraits dans *La Société en sablier* (*op. cit.*), que le retour à un modèle libéral, aggravé par la mondialisation et la financiarisation, impliquait le retour de crises cycliques de plus en plus graves, tout en dénonçant par ailleurs les périls de l'agriculture moderne, de l'effet de serre et de l'industrie nucléaire, je n'ai pu que suivre sur mon journal de bord (<bloglipietz.net>), à partir de 2007 et depuis l'observatoire incomparable que constitue le Parlement européen, la manière tota-

années 1940, Karl Polanyi expliqua que trois issues étaient possibles pour ce genre de crise : le fascisme, le stalinisme, ou la social-démocratie. Le résultat final fut le fordisme, sous la forme de social-démocratie ou d'économie sociale de marché, dans les années 1950.

Malheureusement, entre les années 1930 et 1950, le monde a dû en passer par une terrible guerre mondiale, puis accepter un demi-siècle de compromis territoriaux avec le stalinisme. Au début de 1941, le fascisme contrôlait la plus grande partie de l'Europe, et le stalinisme presque tout le reste. La Grande-Bretagne restait libre et avait évolué sans transition du libéralisme économique à l'économie de guerre, tandis que la Suède et la Suisse neutralisées expérimentaient quelques formes de social-démocratie. Dans le reste du monde, le Japon fasciste contrôlait une grande partie de l'Asie. Seuls les États-Unis de Roosevelt expérimentaient sur une large échelle des éléments du modèle social-démocrate, tandis que les pays émergents d'Amérique latine se divisaient entre le Mexique prostalinien et l'Argentine profasciste. Le monde ne fut sauvé du fascisme que par l'attaque du Japon contre les États-Unis et l'attaque de l'Allemagne contre l'Union soviétique. Et, au prix de cinquante millions de morts, l'alliance de la social-démocratie et du stalinisme a vaincu le fascisme.

Le monde des années 2010 pourra-t-il éviter un détour aussi tragique ? C'était le grand espoir de la fin 2008, après la faillite de la Lehman Brothers, alors que tout le système financier s'effondrait et que la General Motors tombait en morceaux : les élites mondiales semblèrent se réveiller keynésiennes et même « rooseveltement vertes ». Obama, Gordon Brown, Merkel, Sarkozy, Strauss-Kahn, se disputaient le rôle de Franklin D. Roosevelt sauvant le stupide capitalisme des mains aveugles des marchés autorégulés. Trois ans plus tard, James Cameron a remplacé James Gordon-Brown en Grande-Bretagne, aux

lement inattendue dont s'est enclenchée la grande crise, à partir d'une crise mondiale alimentaire débouchant sur la crise des *subprime*.

États-Unis le *Tea Party* dicte sa ligne économique ultralibérale, Nicolas Sarkozy et Angela Merkel tentent d'imposer au reste de l'Europe une « règle d'or » de zéro déficit [3]. On en est revenu aux politiques déflationnistes de Hoover, Tardieu-Laval et Ramsay McDonall-Snowden. Autrement dit, en 1932 ! Ce qui est cohérent avec l'ajustement de la faillite de Lehman Brothers (septembre 2008) sur le Jeudi noir d'octobre 1929. C'est pourquoi, avant de passer en revue les ennemis et obstacles qui s'opposent au *Green Deal*, il n'est pas inutile de rappeler brièvement la triste histoire des années 1930.

La terrible expérience politique de la Grande Dépression

Après onze années d'investissements exubérants, de croissance de la productivité, de salaires stagnants et d'explosion des profits, les « Années folles » (*Roaring Twenties*) se terminent par le Jeudi noir du 29 octobre 1929. Ce krach boursier déclenche une énorme vague de faillites bancaires (plus de 5 000 aux États-Unis) et dans tous les secteurs industriels.

La première réaction du libéralisme économique n'est pas de renflouer le secteur financier. Au contraire, la banque fédérale des États-Unis, la FED, alors jeune et inexpérimentée, réagit par une politique monétaire plus « serrée ». C'est une erreur typique sur la dynamique économique. S'il est vrai qu'une politique monétaire excessivement accommodante a favorisé la formation d'une bulle boursière avant le Jeudi noir, il est tout aussi vrai qu'une politique « serrée » ne réglera pas le problème. Au contraire, au moment où la bulle explose, une politique monétaire accommodante est nécessaire.

La seconde réaction apparaît tout aussi contre-productive : le « protectionnisme », avec une course à la protection

3 Zéro déficit sur le budget total des États (pas sur leur « budget de fonctionnement »), ce qui est aberrant en période de reconstruction ou de transition.

nationale déclenchée par le *Hawley-Smoot Act*[4]. Puisque les marchés semblent se restreindre, il apparaît « juste » de réserver les marchés nationaux à la production nationale. Mais, dans la plupart des pays industriels, le secteur orienté vers l'exportation pesait plus du tiers du total de la production manufacturière. Quand on ne met en place aucun mécanisme pour accroître le marché intérieur, une réduction brutale des exportations se traduit en récession. Toutefois, la contraction du marché mondial n'est pas due à ces mesures protectionnistes, mais à la contraction préalable de la demande sur tous les marchés nationaux (d'ailleurs les « fournitures de petit déjeuner », telles que le café, n'ont jamais été l'objet d'un protectionnisme, ce qui n'a pas empêché leur marché de s'effondrer) et surtout à la contraction de la masse monétaire mondiale.

Ce dernier facteur est très rapidement reconnu. Les prix mondiaux chutent, réduisant l'offre et l'activité, parce que la vraie monnaie (l'or) est « trop rare », et que trop peu de crédits sont accordés. Progressivement, même les monnaies sûres abandonnent leur lien avec l'or[5]. Mais il n'y avait pas d'alternative, pas de « droits de tirage spéciaux » sur quelque FMI, et c'est une sérieuse différence avec aujourd'hui.

D'un autre côté, le problème incontournable de l'insolvabilité des dettes en cours semble avoir été plus sérieusement pris en compte à cette époque qu'aujourd'hui. En ce temps-là, l'insolvabilité de dettes privées provoque la faillite des banques créditrices, avec des effets « domino ». Mais, dans les années 1930, c'est accepté, car la masse monétaire émise par les banques commerciales n'est pas reconnue comme une « vraie monnaie » (simplement comme un crédit) et parce qu'aucune banque n'est considérée comme occupant une position

4 Loi protectionniste adoptée le 17 juin 1930 par la majorité du Congrès des États-Unis et par le président Hoover, pourtant partisans du libéralisme économique.

5 Conférence de Londres, 1933. La livre sterling a abandonné sa convertibilité-or dès 1931, et le dollar US en 1933. L'hypothèse de rétablir le bimétallisme or-argent a cependant été examinée puis écartée.

systémique. En revanche, la dette souveraine (celle des États) est considérée comme un problème systémique.

Considérant que l'énorme dette tsariste est déjà répudiée par les autorités soviétiques (ce qui a contraint l'URSS à l'autarcie), la principale dette souveraine concerne l'Allemagne. Comme la Première Guerre mondiale, à l'Ouest, s'est déroulée exclusivement sur les territoires français et belge, le traité de Versailles, malgré les avertissements de J. M. Keynes, a placé tout le fardeau des réparations sur les épaules allemandes. Dès 1924, on reconnaît que c'est trop, mais la première renégociation (le plan Dawes) est insuffisante. Avec l'éclatement de la crise, la nature récessionniste d'une telle dette pendante apparaît clairement. Et le 1er septembre 1930, le plan Young rééchelonne la dette de guerre allemande jusqu'en 1988. Cela provoque de sérieux problèmes en France (qui s'est endettée auprès des États-Unis et pour faire la guerre, et pour se reconstruire), et ce n'est pas suffisant pour renflouer l'Allemagne. Alors, le moratoire Hoover est approuvé en décembre 1932 : l'Allemagne cesserait de payer ses dettes à la France, et la France sa dette aux États-Unis [6].

Mais il est trop tard. En 1932, le chômage en Allemagne atteint 25 %-30 %, le parti nazi remporte 37,4 % des voix en juillet. Son score se réduit à 33 % en novembre 1932, mais socialistes et communistes sont à ce moment-là en guerre et ne parviennent pas à s'unir. Au même moment, Franklin D. Roosevelt est élu (le taux de chômage aux États-Unis est le même qu'en Allemagne). Hitler et lui prennent la tête de leur pays en janvier 1933. La compétition entre fascisme et social-démocratie commence. Elle se terminera par la guerre.

Économiquement parlant, la supériorité immédiate du fascisme apparaît évidente, si nous considérons que la réponse-réflexe à une crise du libéralisme économique est le

---

6 Avec la victoire nazie et la guerre, les réparations allemandes de 1914-1918 furent finalement suspendues puis rééchelonnées jusqu'à… octobre 2010, c'est-à-dire après le commencement de l'actuelle crise de la dette souveraine grecque !

« planisme » (c'est-à-dire le dirigisme). Très rapidement, le ministre nazi de l'Économie, Hjalmar Schacht, règle la question du chômage grâce à une combinaison d'autarcie, de dépenses publiques (les autoroutes), et de répudiation de la dette de guerre. Pour la monnaie interne, il crée une pure monnaie de crédit dédiée au financement d'un secteur fléché (les industries de guerre) : les bons MEFO. À l'extérieur, il conclut un système de troc de monnaie avec l'Amérique latine. Il est clair qu'un tel programme d'extrême nationalisme économique est cohérent avec une dynamique de guerre, mais pas pour des raisons strictement économiques. Le biais du nazisme vers la guerre était inhérent à la forme de son hégémonie politique nationale, et pas seulement à sa politique économique.

Roosevelt, respectueux, lui, de la démocratie, doit négocier avec l'opposition républicaine, avec la Cour suprême, avec la nature fédéraliste et décentralisée des États-Unis. Immédiatement, il parvient à faire voter la séparation entre les banques commerciales et les banques d'affaires (c'est le *Glass-Steagall Act* de 1933). Les fonctions de la monnaie de crédit, en tant que moyen de circulation et en tant que moyen d'investissement, sont donc séparées. Une réforme du secteur agricole, et divers programmes de créations d'emplois financés par l'État sont lancés (dont un programme de production d'énergie hydraulique, la Tennessee Valley Authority), mais à une échelle bien plus faible qu'en Allemagne. Franklin D. Roosevelt croit que la création d'emplois est l'apanage des patrons, et que celui de l'État est de créer les conditions macroéconomiques pour cela : la « demande effective ». Les dépenses publiques en font partie, mais, selon Ford et Keynes, la meilleure composante de la demande effective est une demande populaire aisée, ce qui implique d'augmenter les salaires. Et dans un pays de libre entreprise comme les États-Unis, cela passe nécessairement par l'existence de syndicats forts. Toutefois, le *Wagner Act* sur les relations industrielles n'est adopté qu'en 1935.

Il en résulte qu'en 1936, les résultats du *New Deal* font pâle figure par rapport aux résultats obtenus par Schacht. Et pourtant, cette année-là, Roosevelt est réélu triomphalement, comme sont élus des Fronts populaires en France et en Espagne. Mais, alors que Roosevelt sera réélu en 1940, la social-démocratie en Europe n'a pas le temps de prouver son efficacité : avec la guerre civile espagnole, la Seconde Guerre mondiale a déjà commencé, et une économie de guerre s'installera vite dans le monde entier.

Politiquement, par la violence ou par la persuasion, des régimes autoritaires ont gagné dans presque toute l'Europe de 1940, du Portugal à la Finlande. Étant donné que ce succès fasciste est survenu avant le milieu des années 1930 (sauf en Espagne), il est clair qu'il ne traduit pas électoralement les « meilleurs résultats » de Schacht par rapport à ceux de Roosevelt. Le problème, c'est que les régimes autoritaires offrent des solutions « clefs en main » pour rassurer les populations face à d'autres peurs, et des perspectives à d'autres aspirations populaires : le nationalisme ou la religion, la peur du communisme et des immigrants, l'antisémitisme, l'aspiration à une sécurité immédiate... De plus, la social-démocratie et le stalinisme sont restés violemment hostiles l'un à l'autre jusqu'en 1933, et les compromis que le Front populaire français dut concéder aux libéraux-démocrates (à l'intérieur de la coalition : les radicaux-socialistes, et à l'extérieur : le gouvernement britannique) ont ralenti son action. Il y avait aussi des oppositions au sein du camp fasciste (les nazis contre les dictatures cléricales...), mais pas suffisantes pour stopper sa résistible ascension.

Obstacles à un tournant vert

Les avertissements des années 1930 sont à prendre très sérieusement. On peut avant tout en tirer la leçon qu'une « bonne » solution à une grande crise n'a pas l'éternité devant elle pour s'imposer. D'autres solutions peuvent surgir plus rapidement, issues par exemple des régimes autoritaires. Aujourd'hui, dans l'Union européenne, la Hongrie semble avoir pris la tête dans cette direction, mais partout dans le monde nous assistons à une radicalisation autoritaire des partis de droite, la Russie étant l'exemple le plus significatif. Ces solutions autoritaires font des émules, non pas parce qu'elles ont plus de succès économiques, mais pour des raisons politiques ou idéologiques tel que le nationalisme.

Si nous comparons la situation actuelle à celle des années 1930, nous remarquons que les premières étapes vers un *Green Deal*, qui semble être acceptées en 2008, avortèrent devant le problème des dettes souveraines, tandis qu'en 1932, il n'y avait pas encore d'alternative social-démocrate sur la table (la campagne électorale du Roosevelt ne dégage pas clairement ce que sera le *New Deal*, et encore moins l'image « keynéso-fordiste » que la postérité en retiendra). Mais le problème de la dette souveraine faisait l'objet de négociations bilatérales sérieuses, s'achevant par un rééchelonnement (le plan Young, le moratoire Hoover). Par ailleurs, une fois les programmes, social-démocrate ou fasciste, adoptés sur une base nationale, ils pouvaient être mis en œuvre sans grand problème de contrainte économique extérieure.

Le saut difficile vers la coopération. La raison de ce constat est que, tandis que la crise des années 1930 était « internationale », la crise actuelle est directement mondiale. Nous n'avons pas affaire à plusieurs économies nationales interconnectées face à des crises similaires, mais à une économie mondiale, avec sa dimension écologique, et ses crises systémiques, se réfractant sur de nombreux espaces politiques nationaux. Dès lors, les autorités politiques semblent impuissantes, car elles ne jouent pas au niveau mondial. La finance, si.

C'est pourquoi la tentation protectionniste est plus faible aujourd'hui qu'à l'époque de Hoover, où elle emporta l'adhésion immédiate des gouvernements de droite. Même les populations les plus touchées par la concurrence mondiale sont réticentes à un protectionnisme national, parce qu'elles n'y croient pas et en pressentent les effets pervers au niveau de leur pouvoir d'achat. Ce qu'elles demandent, c'est qu'il y ait des règles communes, sociales et environnementales : le protectionnisme qui garde sa pertinence est un protectionnisme « universaliste », une protection contre les exportateurs qui abusent de l'avantage des bas salaires dans certains pays [7]. Mais certains politiciens peuvent caresser avec succès, comme on le verra, le désarroi populaire dans le sens d'un réflexe contre les étrangers et les produits étrangers.

Or il n'y a pas de gouvernement mondial pour imposer de telles règles, et même l'Europe peine à harmoniser les conditions sociales et environnementales de la production.

D'ailleurs, le *New Deal* de Roosevelt s'est présenté comme un accroissement structurel de la législation et du budget fédéral américain, contre l'autonomie des États fédérés. Ce fédéralisme a été refoulé par la contre-révolution reaganienne, et aujourd'hui la droite radicale (le *Tea Party*) veut reculer encore plus loin. On comprend les résistances à toute forme de solidarité transnationale, avec délégation de souveraineté !

Donnons des exemples de ces impasses dues à l'absence de coopération au niveau mondial. L'Allemagne préférerait encore accepter un plan Young (une annulation de dettes) en faveur de la Grèce insolvable, afin de ne pas avoir à partager ses dettes. Mais cela provoquerait une crise de liquidité pour les principales banques non seulement allemandes mais aussi françaises. Autre exemple : même si l'Union européenne coordonne une réduction majeure de ses émissions de GES, ce résultat sera rapidement effacé par le manque de coopération des États-Unis et de la Chine. La même chose est vraie pour la crise alimentaire actuelle, dont plusieurs causes sont globales et non locales (encore que, dans de nombreuses régions, le retour à l'autosuffisance soit possible par une politique unilatérale de souveraineté).

---

7 C'est le sens des débats sur « antimondialisme », « démondialisation », ou « altermondialisme ». Voir le livre du président du comité scientifique d'Attac, René Passet, *Éloge du mondialisme, par un « anti » présumé*, Fayard, Paris, 2001.

Ainsi, le premier obstacle pour un *Green Deal* est le problème de la coopération. Il y a encore de l'espace pour l'action locale (et d'ailleurs, de toute façon, le *Green Deal* requiert l'implication des pouvoirs locaux et même des individus), mais le « local » apparaît de plus en plus vaste (la région, la nation, l'Europe...) quand on fait face à des problèmes tels que la finance ou la crise du climat. Dans bien des cas, l'État national est impuissant, et même l'Union européenne ne suffirait pas à régler la crise climatique. Parce que l'Union européenne est parfois trop petite, et parce qu'elle manque de « fédéralisme ascendant », c'est-à-dire de subordination des parties aux choix collectifs du tout.

Or, comme la sociologie et la philosophie politique nous le rappellent, une délégation de souveraineté vers un « tout » plus large implique que les « parties » subordonnées trouvent un intérêt à cette délégation. Même si une situation fédéraliste est objectivement plus favorable que la concurrence entre États locaux (à travers le *dumping* fiscal, social, écologique et même prudentiel), une stratégie de « passager clandestin [8] » peut sembler plus efficace aux intérêts locaux.

Reprenons l'exemple européen. L'Union européenne a fait l'expérience, en 2005, d'un débat sur un pas en avant (significatif, bien que relativement limité) vers un fédéralisme plus intégré : le référendum sur le traité constitutionnel européen. Les citoyens français votèrent majoritairement « Non » parce qu'ils pensaient que leur modèle social serait mieux défendu dans le cadre politique national. Résultat : durant les sept années qui suivirent, ils eurent à souffrir du démantèlement de leur État providence et de leur législation sociale par leurs gouvernements nationaux successifs [9]. Les citoyens irlandais ont

---

8 On appelle ainsi la stratégie d'un agent qui profite de l'action des autres (comme payer l'autobus) sans y contribuer lui-même.

9 Exemple le plus caricatural : le contrat première embauche proposé par le Premier ministre Dominique de Villepin en 2006, qui provoqua d'immenses manifestations et contrevenait ouvertement à la Charte des droits fondamentaux, seconde partie du traité constitutionnel rejeté l'année précédente (selon la jurisprudence du Conseil d'État, la simple adoption de la Charte au sommet de Nice n'avait pas plus de valeur juridique qu'une déclaration intergou-

voté « Non » au traité de Lisbonne, avant le début de la crise, parce qu'ils craignaient qu'une Europe plus fédéraliste leur interdise de continuer à attirer les capitaux dans l'île grâce au *dumping* fiscal. Après l'éclatement de la crise, ils votèrent « Oui » parce qu'ils espéraient la solidarité du continent. Mais ils ne réduisirent pas l'écart de fiscalité avec le continent, quand la Pologne et d'autres pays de l'Est européen rejoignirent la stratégie du *dumping* fiscal, réduisant ainsi les gains d'une stratégie de passager clandestin.

Du côté « créditeurs » de la crise de la dette, Angela Merkel, responsable du pays le plus riche, l'Allemagne, craint que la solidarité européenne avec les pays endettés (les PIG : Portugal, Irlande, Grèce) au travers des *eurobonds*, emprunts directement européens, réduise la capacité de l'Allemagne à « écrémer » (*skiming*) les crédits à faible taux d'intérêt. C'est certainement vrai. Mais cette tactique allemande, repoussant jusqu'à la dernière limite le pas suivant dans la mutualisation des difficultés financières, peut conduire à une faillite générale de ses principaux clients.

Si nous nous tournons maintenant vers la crise du climat, les États-Unis et la Chine ont bien évidemment joué la même stratégie non coopérative depuis la conférence de Rio (1992), chacun exigeant que l'autre commence à prendre en charge le fardeau de la réduction des GES. En théorie des jeux, on appelle cela *Chicken Game* [10] : il s'agit d'essayer d'être le dernier à accepter la coopération et le partage du fardeau. Le résultat est tout simplement la ruine pour les deux joueurs. À la conférence

---

vernementale). C'est la limite de l'analyse, globalement pertinente, selon laquelle le vote « Non » était la sanction « non pas de ce que contenait le TCE mais de ce qu'il ne contenait pas », et qu'il y avait « prévalence du vote économique sur le vote souverainiste » (*L'État de l'Union européenne, op. cit.*, p. 99-100). Il y eut non seulement rejet objectif de ce que le TCE contenait de plus fédéraliste que le traité de Nice, mais une campagne souverainiste-nationaliste des partis de la droite de la droite et de la gauche de la gauche.

10 Voir le film *La Fureur de Vivre* (*Rebels Without A Cause*) de Nicholas Rey avec James Dean, où de jeunes crétins jouent au *Chicken Game* (le « jeu du dégonflé ») en se lançant en voiture, à tombeau ouvert, c'est le cas de le dire, vers le bord d'une falaise : le dernier qui saute a gagné, ce qui logiquement signifie qu'il se tue, et le perdant aussi s'il se « dégonfle » trop tard.

de Kyoto, l'Union européenne a accepté de prendre les devants, c'est-à-dire accepté presque unilatéralement une coopération contraignante dans la réduction des GES. À cette époque, des coalitions socialistes + Verts gouvernaient la France, l'Allemagne et une majorité de pays européens, et des ministres Verts, appuyés par une Commission européenne indépendante des intérêts nationaux, étaient en charge de la négociation de Kyoto. Mais, après le « Non » de 2005, qui réduisit le pouvoir de négociation du Parlement et de la Commission européenne au profit des gouvernements nationaux, avec un durcissement de la règle de l'unanimité [11], Sarkozy comme Merkel décidèrent d'abandonner les objectifs ambitieux officiellement défendus à Bruxelles pour la conférence de Copenhague, et abandonnèrent du coup le leadership européen sur les négociations climatiques, laissant Obama et Hu jouer à leur *Chicken Game* : la course vers l'abîme pour toute la planète.

Nous avons donc un premier bloc d'obstacles : le manque de confiance dans la coopération, le manque d'institutions transnationales pour prendre des décisions, le manque de leadership pour prendre le premier la décision et proclamer « Qui m'aime me suive », la préférence pour les comportements nationalistes de passager clandestin et d'écrémage, les paradoxes de composition [12]. Mais d'autres obstacles existent, déjà en œuvre dans les années 1930. Certains sont du côté des dominants, certains du côté des groupes sociaux dominés.

---

11 En réalité c'est le traité en vigueur depuis l'année précédente, celui de Nice, qui durcissait la règle de l'unanimité par d'infranchissables conditions de vote à la majorité. Mais refuser le TCE revenait à choisir de s'en tenir à Nice, donc à la négociation intergouvernementale, ce qui transforma durablement l'Europe en une sorte de congrès de Vienne permanent, sous l'égide de l'Allemagne, même après l'adoption du traité de Lisbonne, qui récupérait formellement les possibilités de vote à la majorité. Mais dans la vie réelle, même celle des institutions, le texte compte moins que la pratique, et 2005 a marqué un tournant psychologique et politique, pour l'instant irréversible, en faveur d'une Europe intergouvernementale, donnant en fait les pleins pouvoirs au gouvernement allemand.

12 Les « paradoxes de composition » sont le résultat de stratégies individualistes en apparence gagnantes, mais qui deviennent perdantes si tout le monde en fait autant.

Les intérêts dominants. Les groupes socialement dominants s'opposeront au *Green Deal* pour deux raisons différentes. D'une part, parce qu'ils peuvent croire que leur intérêt immédiat est de continuer à se comporter comme ils le font, même s'ils savent que leur intérêt stratégique est d'accepter le nouveau compromis. D'autre part, parce qu'ils peuvent croire qu'ils n'ont pas de place – ou du moins que cette place est très réduite – au sein de la nouvelle donne.

Par exemple, de nombreux industriels voulaient bien croire aux prêches d'Henry Ford dans les années 1920 : une classe laborieuse prospère assurait une magnifique demande effective pour leur production. Mais, jusqu'à ce que cela devienne une loi, ou une convention collective, une stratégie individuelle consistant à augmenter les salaires de leurs ouvriers aurait été vaincue dans la concurrence, avant que les bénéfices macroéconomiques (la croissance de la demande sociale) puissent être ressentis dans leur chiffre d'affaires.

Au contraire, les producteurs de pétrole (que ce soient les pays exportateurs ou les firmes) considèrent qu'un tournant mondial vers une économie « décarbonée » ferait leur perte, et ils financent propagande et lobbying « climato-sceptiques ». Cette peur est exagérée, mais il est évident que leurs bénéfices annuels s'en trouveraient sensiblement réduits. La même chose est vraie pour l'industrie nucléaire en cas de sortie du nucléaire. Un tel tournant est cependant acceptable en Allemagne pour la bonne raison que les principaux fabricants d'installations nucléaires (tel Siemens) produisent également des technologies vertes (trains, éoliennes...) et sont de ce fait eux-mêmes intéressés par le tournant vert.

Le secteur financier cumule les deux résistances. Avant la crise, ses lobbyistes refusaient toute forme de réglementation ou de renforcement des règles prudentielles. Durant la première phase de la crise (2008-2009), ils quémandèrent non seulement un renflouement public, mais aussi une réglementation obligatoire contre leurs propres « préférences pour le risque » (usant de l'argument classique selon lequel, « si ce n'est pas une obligation générale, mon concurrent le fera, et je devrai suivre ») [13]. Mais quand la tempête sembla s'apaiser, en 2009, ils retournèrent à leur comportement opportuniste. Par ailleurs, de plus en plus d'économistes et responsables politiques pensent que le *Green Deal* implique non seulement une forme de *Glass-Steagal Act*, mais une vaste socialisation du système bancaire. Donc, l'intérêt des financiers est probablement de s'en tenir à la situation actuelle, dangereuse mais incroyablement profitable (pour eux), d'autant qu'ils sont couverts par l'aléa moral : ils tirent profit de comportements risqués, et, comme ils sont « trop gros pour faire faillite », ils bénéficient d'une assurance d'État gratuite. La faible existence d'une Europe politique susceptible de les contrôler est une protection pour leurs intérêts, c'est pourquoi le *Financial Times* et le *Wall Street Journal* ont soutenu le « Non » en 2005, comme le fit le secteur financier luxembourgeois.

Mais il serait naïf de croire que les classes populaires sont unanimes à « tous les rejeter » et adopter un *New Deal* et, encore plus difficile, un *Green Deal*.

Les réticences populaires. En règle générale, l'idéologie dominante est l'idéologie des groupes dominants. On a rencontré des situations différentes dans le passé, quand la classe ouvrière était enchâssée dans une contre-culture collective, avec ses partis, ses syndicats, ses systèmes mutualistes, ses fêtes. Alors, la « solidarité » était une valeur à opposer à la « libre entreprise ». Elle s'appuyait sur une « conscience de producteur » : les travailleurs étaient solidaires parce que leur être social était de produire ensemble les biens et services demandés par la communauté. Cette fierté du travail a été anéantie par les évolutions économiques, mais aussi par une évolution idéologique, propre au libéral-productivisme, où l'on a vu des penseurs, même progressistes, même sympathisants de l'écologie,

13 En tant que membre de la commission économique et monétaire du Parlement européen, j'eus à écouter les deux discours successifs des lobbyistes de la finance.

dénoncer non seulement le fait que le travail est aliéné sous le capitalisme (critique que Marx avait largement développée !), mais théoriser le fait qu'il en serait toujours ainsi et que c'était tomber à son tour dans l'aliénation que de prétendre rendre sa valeur au travail [14]. De « sublimes » et « camarades », les prolétaires sont retombés à l'image qu'en donnait le roman bourgeois du début du XIXe siècle, avant le tableau révolutionnaire que donnera Victor Hugo du faubourg Saint-Antoine dans *Les Misérables* : les petits boulots, les sales boulots.

La révolution industrieuse que propose le *Green Deal*, au service de la communauté et au secours de la planète, va de pair avec une revalorisation profonde du travail, de la fierté du producteur, redevenu « humain » dans les buts comme dans le contenu de son travail. Mais dans l'état où nous sommes, celui dont nous partons, la solidarité et la fierté des producteurs n'existent plus que dans le feu de l'action, d'une grève, et encore [15]. Dès lors se développent une acceptation générale du consumérisme (qui est le libéralisme économique des pauvres) et les identités négatives : « Nous ne vous faisons plus confiance » (« vous » signifiant : tous les politiciens, y compris ceux du Parti socialiste français ou du *New Labour* britannique), « Nous n'aimons pas les étrangers », et plus précisément « Nous n'aimons pas les musulmans ». Alors que l'antisémitisme et l'anticommunisme ne sont plus tellement d'actualité, l'islamophobie et le nationalisme nourrissent le succès des partis de droite dans les classes ouvrières désespérées et les classes moyennes appauvries, celles qui coulent vers la

14 Sur la dévalorisation du travail sous le modèle LP et l'idéologie de la fin de la valeur-travail, voir *La Société en sablier*, *op. cit.*, chapitre 3.

15 Voir la remarquable enquête participative de Florence AUBENAS, *Le Quai de Ouistreham* (Éditions de l'Olivier, Paris, 2010) montrant l'hostilité du nouveau prolétariat, celles et ceux qui ont toujours été des précaires du nettoyage, envers l' « aristocratie » que représentent à leurs yeux les ouvrières licenciées de chez Moulinex (« Pour qui se prennent-elles, à manifester pour leurs droits ? »), et d'autre part leur ignorance totale de la vie politique, en pleine campagne des élections européennes qui verront Europe Écologie arriver en tête chez les ouvriers et les employés. Et pourtant, Florence Aubenas montre également l'irréductible fierté d'un travail bien fait, d'une qualification.

boule du bas de la « société en sablier[16] ». Les discours de solidarité émis par les partis issus de la classe moyenne (y compris les Verts) sont suspectés de ne pas prendre en compte les difficultés de la « vraie vie » dans les quartiers populaires. Et, comme les plus spectaculaires de ces difficultés sont l'insécurité et la délinquance, il est aisé pour les politiciens de droite, ceux-là mêmes qui accroissent ces difficultés et cette délinquance à travers leur propre politique sociale et économique, de se présenter comme les meilleurs défenseurs de la sécurité, avec un discours « tolérance zéro ».

Résultat : les mobilisations sociales tendent à se réduire à des mouvements de protestation « contre », comme les déclinaisons variées des *Indignados* : « *Que se vayan todos* » en Amérique latine ou « Dégage ! » dans les révolutions arabes. Ce qui manifeste la réalité de la crise du modèle, mais qui n'exprime pas une alternative en faveur de laquelle il vaille la peine de se mobiliser[17].

Ces identités négatives, quand ce sont des partis extrémistes qui les mobilisent, sont aujourd'hui appelées « populisme ». Ce terme est justifié précisément quand il colle aux peurs du « Peuple », par opposition à l'alternative plus complexe, exigeante, que les partis, les syndicats, les associations, les experts et autres médiations peuvent proposer à partir des aspirations populaires. Le rationnel dans ces peurs est exactement le même que celui des dominants : d'abord, une attitude sceptique à l'égard des solutions coopératives, ensuite l'idée que tout modèle alternatif remettrait en cause certains intérêts immédiats[18].

---

16 Comme je le montrais dans l'avant-propos de *La Société en sablier* (*op. cit.*), la peur et le désespoir, terreaux du populisme et du fascisme, résultent moins de la *situation* d'exclusion que d'un *processus* de dégradation qui semble irrésistible.

17 Significatif est l'écart entre le succès inimaginable du « cri » de Stéphane Hessel, *Indignez-vous !* (Indigène, Paris, 2011), et l'insuccès de ses livres propositionnels (Stéphane Hessel et Gilles Vanderpooten, *Engagez-vous !*, Éditions de l'Aube, La Tour d'Aigues, 2011 ; et surtout Stéphane Hessel et Edgar Morin, *Le Chemin de l'espérance*, Fayard, 2011).

18 Pour une analyse du « néopopulisme » européen, voir Olivier Ilh *et. al.* (dir.), *La Tentation populiste au cœur de l'Europe*, La Découverte, Paris, 2003.

Le premier aspect, le rejet des solutions coopératives au nom de la « souveraineté nationale » (ou régionale, on va le voir), clive le populisme en deux sortes de partis politiques. De nombreux individus, dans les situations populaires difficiles, peuvent croire qu'il y a encore de la place pour davantage de solidarité à leur égard, *si et seulement si* cette solidarité se restreint à eux, ou un groupe proche d'eux (les Blancs culturellement chrétiens de leurs pays ou régions). Ils seront donc sensibles aux slogans du type « Nous d'abord ! ». Mais les situations des différents « Nous » sont elles-mêmes différentes. Certaines couches populaires sont encore relativement à l'abri, et c'est la base des partis s'opposant à la solidarité avec d'autres pays ou même d'autres régions du même pays : la *Lega* de l'Italie du Nord, l'UDC en Suisse, le PVV aux Pays-Bas, le NV-A dans la Belgique flamande, le parti des Vrais Finlandais (qui s'oppose au renflouement européen de la Grèce), et bien entendu le *Tea Party* aux États-Unis... Ces partis défendent la Partie contre le Tout, et ils acceptent le libéralisme économique (« Que le meilleur gagne ! »).

Le cas du *Tea Party* est particulier. Il exprime la révolte nationaliste des citoyens « ordinaires » (de toutes les classes sociales), qui ont appris par la presse que leur pays était déclassé, ayant perdu la guerre, au loin, sans qu'on sache très bien quelle guerre ni comment, et devraient maintenant accepter, d'autorités mondiales inconnues, des prescriptions absurdes, contre un mode de vie qu'on leur avait pourtant certifié « non négociable[19] » au nom d'une soi-disant lutte contre une invraisemblable dérive climatique ! De même, la population allemande de décembre 1918 vit défiler en bon ordre une armée invaincue sur son sol, et qui avait perdu la guerre, selon le gouvernement, par des revers invérifiables sur de lointains théâtres (en Picardie, en Bulgarie...). Base d'un sentiment de frustration revanchard, de théories conspirationnistes sur le « coup de poignard dans le

19 Déclaration de George Bush Senior en 1992 à la conférence de Rio : « Notre mode de vie [l'*American Way of Life*] n'est pas négociable. »

dos », d'une aspiration à retourner aux vieilles valeurs du Peuple [20].

Mais d'autres partis populistes ont une base sociale différente. Leur cible électorale représente les fractions abandonnées ou en déclin des classes ouvrières et des petites classes moyennes. C'est une situation très générale dans l'Europe de l'Est postcommuniste, et c'est d'ailleurs en Hongrie qu'un parti antidémocratique est le premier parvenu au pouvoir, depuis la crise. Mais cette configuration se rencontre aussi dans les anciens pays dominants comme la France, où le Front national, dirigé aujourd'hui par Marine Le Pen, adopte des slogans socialisants et réclame le soutien de l'État providence… mais réduit aux « vrais nationaux » [21]. « Les Français d'abord ! » : pas les immigrés, et surtout pas les musulmans ! Ces partis représentent une partie réclamant la solidarité de la part du tout, à l'exclusion d'autres parties.

Cette fracture est une bonne nouvelle car, contrairement aux fascismes des années 1930, les populismes d'aujourd'hui sont incapables de former une alliance. Typiquement, au Parlement européen, les populistes, qui sont tous nationalistes et antieuropéens, doivent se répartir entre trois groupes parlementaires différents, compte tenu de leurs frictions réciproques [22]. Mais tous ont une capacité de chantage envers les partis de gouvernement de centre-droit, pour les pousser vers des attitudes antifédéralistes et antisolidarité.

---

20 Le livre de l'historien allemand Ulrich Herbert, *Werner Best. Un nazi de l'ombre*, Tallandier, Paris, 2010, permet de bien saisir l'atmosphère dont s'est nourrie la jeunesse allemande au sortir de la Première Guerre mondiale.

21 La conquête par le FN des classes populaires « en perte de sens » a bien sûr commencé dès la victoire du modèle LP en France. Voir Erwan Lecœur, *Un néo-populisme à la française. Trente ans de Front National*, La Découverte, Paris, 2003 ; Nonna Mayer, *Ces Français qui votent Le Pen*, Flammarion, Paris, 2002. La nouveauté avec Marine Le Pen fut le choix de s'implanter dans une circonscription « ouvrière abandonnée », avec une très vieille SFIO moralement discréditée, et d'accentuer le virage du discours de son père en faveur des « petits » (en 2002) vers un discours plus « de classe » que « de race », même le racisme antimaghrébin et islamophobe étant camouflé en « laïcité ».

22 De même, à la bataille de Stalingrad, dans le camp fasciste, les Allemands devaient interposer des détachements italiens entre leurs divisions roumaines et leurs divisions hongroises, qui autrement se seraient entretuées…

Et quand on parle plus précisément d'un *Green Deal*, les réticences populaires s'accroissent. Certes, au niveau mondial, les plus pauvres ont tout intérêt à bénéficier d'un meilleur environnement, car tout ce qu'ils peuvent se procurer (nourriture, eau saine...) dépend d'un environnement gratuit et de bonne qualité. Pour ces raisons, des leaders Verts obtiennent parfois d'importants succès dans le tiers monde, par exemple dans les pays africains, mais également en Amérique latine quand ils parviennent à faire la jonction entre les habitants des quartiers informels (qui espèrent de l'État une amélioration de leur environnement urbain) et les classes moyennes éduquées, mobilisées contre la corruption, pour la libéralisation des mœurs et contre la dégradation de l'écosystème planétaire. Mais ce n'est pas toujours le cas dans les pays industrialisés, parce que les classes populaires considèrent comme des conquêtes sociales un accès précaire aux schémas de consommation des riches, alors même que cet accès ruine leur propre environnement et leur santé. Ils peuvent percevoir les nécessités d'une révolution verte comme un retour sur ces conquêtes (les libres promenades automobiles, le steak quotidien, les vacances en vol charter...) et l'idée même d'« internaliser dans les prix les coûts de pollution » est considérée comme une véritable agression contre leur pouvoir d'achat.

Il n'en est que plus vital d'enraciner les exigences de la conversion verte dans un débat démocratique, tenant le plus grand compte des intérêts immédiats des plus démunis. Et, de ce point de vue, une écologie populaire ne peut que se centrer d'abord sur la crise alimentation-santé, en mettant en avant les nouveaux emplois et services directs que leur apporte le tiers secteur, et les nouveaux emplois et les économies de charges que leur apportent les industries vertes. Mais cela vaut aussi pour la grande majorité, qui sait qu'elle n'a pas que des chaînes à perdre, et ignore qu'elle a un monde à gagner.

6

La conquête de la majorité

En dépit des obstacles sur la route du *Green Deal*, les partis Verts ont obtenu un succès croissant dans plusieurs élections (pas toutes) depuis le commencement de la crise présente. Dans certains pays, ils ont conquis une forme de majorité culturelle, en ce sens que même les autres partis admettent quelques formes de *Green Deal* comme *la* solution (mais « pas si radicale... », mais « pas tout de suite »...). Aux élections européennes de 2009, la liste française Europe Écologie a obtenu la quasi-égalité (16 %) avec la liste socialiste, derrière le parti dominant de droite à 28 %. En 2011, en Allemagne, les *Grünen* ont conquis le Land de Bade-Wurtemberg, traditionnellement chrétien-démocrate, incitant Angela Merkel à abandonner l'énergie nucléaire. Parallèlement, dans une série d'élections présidentielles en Amérique latine, une nouvelle gauche, faisant explicitement référence à l'écologie, conteste la suprématie de la gauche traditionnelle : Marina Silva au Brésil, Antanas Mokus ou Gustavo Petro en Colombie, Marco Enriquez-Ominami au Chili.

À quelles conditions parviendra-t-on à transformer cette hégémonie culturelle en majorité politique en faveur du *Green Deal* ? Je résumerai mon expérience en dix recommandations.

1. D'abord et avant tout, être clair sur le projet

La crise exige de nombreux et profonds changements, et il vaut mieux annoncer tout de suite que ces changements auront lieu. Ce n'est ni une thèse radicaliste ni un goût romantique « de la sueur, du sang et des larmes ». Il serait bien plus agréable d'annoncer que le changement ne sera pas difficile, et d'ailleurs, comme nous l'avons vu aux chapitres 3 et 4, il n'y a pas vraiment de quoi pleurer sur les sacrifices exigés par le tournant vert. Cette insistance sur l'engagement de changer les choses est fondée sur la précédente analyse des difficultés. Bien des gens, qu'ils soient dominés ou dominants, sont prêts à accepter le changement si tous les autres acceptent de changer, c'est-à-dire quand le changement devient obligatoire. Les stratégies qui consistent à « attendre et voir » sont fondées sur une mauvaise expérience des politiques timorées et appliquées par à-coups, comme ce fut le cas depuis 1992 en France dans la lutte contre le changement climatique. C'est d'ailleurs un bon exemple, car presque tous les autres obstacles au *Green Deal* sont présents dans la lutte contre la crise énergie-climat. Et, par exemple, ce fait évident qu'une victoire électorale nationale des Verts n'inciterait pas automatiquement les autres pays à agir dans la même direction. D'où la seconde recommandation.

2. Promouvoir la coopération supranationale, et spécialement le fédéralisme européen

Le plus haut score des Verts français fut atteint quand ils adoptèrent le titre « Europe Écologie » aux élections européennes de 2009, à peine quatre ans après la victoire du « Non ». En 2009, même les « nonistes » de 2005 étaient prêts à accepter l'idée que toute politique de sortie de crise est plus efficace quand on la mène au niveau européen. Cela ne veut pas dire que les partisans d'un *Green Deal* aient à soutenir l'attitude attentiste selon laquelle on ne peut rien faire tant que l'Union européenne ne l'organise pas. Au contraire, il est possible de réduire le temps de travail et d'accroître les investissements dans les technologies vertes aux niveaux national et même régional, une fois que des mesures spécifiques ont été prises pour protéger la compétitivité [1]. D'ailleurs on peut aussi faire valoir les avantages d'être le « premier partant » : quand on sait qu'une décision européenne est une nécessité historique, le premier à « bouger » localement en tire avantage dans la concurrence ultérieure. Mais il faut proclamer que, au Parlement et au Conseil européen, une coalition verte proposera toujours plus de solidarité et de coopération et, quand il le faudra, une harmonisation législative au niveau européen.

3. Combiner les réformes institutionnelles et les améliorations substantielles

Les électeurs n'accepteront pas une Europe plus forte s'ils ont le sentiment que cette Europe travaille contre eux. Ils ne vont pas voter pour le fédéralisme « au cas où », ou parce que « ce qui est grand est beau ». Une des faiblesses du traité pour une Constitution européenne fut qu'il ne prenait pas clairement en compte l'imminence, pourtant prévisible, de la crise du modèle libéral-productiviste. Un « spécialiste », mais seulement un spécialiste, pouvait évaluer que le TCE représentait un pas important dans la bonne direction, c'est-à-dire dans le sens d'une plus grande solidarité, d'une prise de décision plus rapide et démocratique, de droits mieux garantis pour les travailleurs

1 Exemple de la réduction du temps de travail au niveau de la retraite : financer celle-ci par un prélèvement général, et non attaché à la masse salariale des entreprises, notamment exportatrices. Exemple de l'assurance maladie : sortir son financement du prix des marchandises à l'exportation (et inversement, charger les importations, en y intégrant le coût de la protection sociale des travailleurs du pays hôte), par une mécanisme de déductibilité à la frontière, comme dans la TVA.

et pour les femmes, et d'une meilleure protection de l'environnement, en comparaison avec les traités en vigueur, ceux de Maastricht et de Nice, dont le choix du « Non » signifiait le maintien. Roosevelt a accru le pouvoir de l'État fédéral de manière à réguler la finance et à renforcer le pouvoir de négociation des travailleurs. Le but était le progrès social, le moyen était le fédéralisme, non l'inverse.

4. Utiliser l'Apocalypse avec modération

L'hégémonie culturelle est atteinte quand les propositions d'un parti apparaissent « nécessaires » à la majorité. D'où le recours fréquent à l'argument selon lequel « il n'y a pas d'alternative ». L'expérience britannique, celle de Mme Thatcher à l'aube du modèle libéral-productiviste, montre qu'un tel argument peut fonctionner. Les militants verts croient d'ailleurs fermement que les effets apocalyptiques des modèles libéral-productivistes sont déjà vérifiés par la réalité, et sinon, par les prédictions des « sciences dures ». Pourtant, l'argument d'absence d'alternative (« Le *Green Deal* ou la fin du monde ») doit être manié avec précaution. Sa principale faiblesse est qu'il n'explique pas clairement ce qu'est l'« alternative » et en quoi elle impliquera chaque individu. Et, quand n'existe pas déjà une claire perception des effets de l'Apocalypse, il se heurte au mur de la stratégie attentiste.

C'est pourquoi l'argument de l'Apocalypse est plutôt manié par les politiques autoritaires (« Laissez-moi vous sauver contre vous-mêmes »). La montée du chômage, du prix de la nourriture et de l'énergie, l'écho de Fukushima sont perçus par chacun, et pourtant les gouvernements qui nous ont menés là parviennent encore à jouer de ces peurs pour asséner qu'eux seuls pourront nous faire traverser la tempête.

Pourtant, il ne faut pas hésiter à utiliser l'argument de l'Apocalypse… quand l'Apocalypse survient : c'est une façon de contrebalancer la « peur du changement » par la « peur du non-changement ». Les Verts français ont obtenu un succès mitigé aux élections cantonales de 2011, au moment même où les Verts allemands emportaient le Bade-Wurtemberg, précisément pendant les premières semaines de la catastrophe de Fukushima. Les Français n'osèrent pas utiliser l'argument Fukushima, comme s'il était « sale » de tirer profit de l'infortune d'autrui comme un avertissement pour nous tous. Au contraire, les militants allemands eurent intensivement recours à l'argument Fukushima, gagnèrent les élections régionales et obtinrent de la droite la sortie du nucléaire.

5. Mettre en lumière le coût du « non-changement »

Une forme douce d'argument de l'Apocalypse est l'évaluation du coût présent des stratégies « au fil de l'eau » (autrement dit, celles qui proposent de continuer « comme avant »). Le problème, avec l'Apocalypse, c'est que, avant qu'elle ne se produise, elle ne convainc pas, et lorsqu'elle advient, il est trop tard. Cela n'empêche pas d'exiger un niveau de précaution « de père de famille ». S'agissant par exemple du nucléaire, la moindre des choses, de la part des citoyens, est d'exiger la publication du plan d'évacuation de leur ville en cas d'accident dans la centrale nucléaire voisine. Ne serait-ce que pour que chacun puisse rechercher un point de chute pas trop éloigné de là où sera évacuée son entreprise. La connaissance du coût de maintien du nucléaire n'est pas inutile non plus : mise aux normes, investissements complémentaires sur les vieilles centrales, etc.

Mais, contrairement au risque nucléaire, toutes les apocalypses n'épousent pas la forme du naufrage du *Titanic*, où l'iceberg surgit quand il est trop tard, sans qu'on s'y attende autrement que « statistiquement ». La plupart des pollutions – les pollutions locales, la malbouffe, et même le changement climatique – envoient des signaux précurseurs que recueillent les « lanceurs d'alerte ». Une bonne information sur ces apocalypses rampantes permettrait de renverser la charge de la preuve sur le coût de « ne rien faire ». L'attitude attentiste « au fil de l'eau » est aussi fondée sur l'idée selon laquelle « un tiens vaut mieux que deux tu l'auras » ou, comme disent les Anglais (je traduis), « un oiseau dans ma main vaut mieux que deux oiseaux dans le ciel ». Mais quand l'oiseau vous pince la main, le bilan peut changer ! D'où la tendance des économistes écologistes à promouvoir l'internalisation des coûts, à la Pigou, de façon à inciter les consommateurs à changer leur comportement.

6. Mobiliser Pigou avec sagesse

Les économistes font référence à Pigou comme l'inventeur des taxes incitatives à la protection de l'environnement. Une écotaxe permet d'envoyer un signal quant aux dommages imposés aux autres et à l'environnement, dommages qui, autrement, seraient ignorés dans la relation vendeur/acheteur. Si vous achetez un litre de gasoil, vous devez savoir qu'il vous faudra payer aussi pour les dommages que vous faites à la planète. Mais où va l'écotaxe ? Elle va à l'État et, suivant le dogme fiscal, aucune taxe ne doit être affectée à un usage plutôt qu'à un autre. La taxe sert à avertir le consommateur, rien d'autre, et son « second dividende » (le revenu de la taxe) est tout bonnement une aubaine pour l'État.

Ce dogme révolte le « consommateur-pollueur », et les économistes feraient bien de lire Pigou dans le texte. Il n'a pas inventé une écotaxe non affectée, mais une assurance contre les dommages aux tiers et à l'environnement, avec bonus-malus ! Si l'on veut qu'elle soit acceptée par la majorité, une taxe énergie-carbone doit être dédiée en priorité à la lutte contre le changement climatique, y compris dans le tiers monde. Cela ne veut pas dire qu'il faut ignorer l'équité et la redistribution, comme nous allons le voir au point 7.

7. Combiner mesures sociales et environnementales

Un grand problème dans la politique verte est que, pour interdire l'abus de l'usage d'un bien commun, elle risque de priver de tout accès à ce bien ceux-là mêmes qui en ont le plus besoin : les plus pauvres, ceux qui peuvent ne pas avoir d'autre moyen de satisfaire leurs besoins ou leurs plaisirs. D'où le risque qu'une politique verte apparaisse antipopulaire. C'est pourquoi, lorsque l'on cherche à distribuer l'accès à une quantité soutenable de biens communs, à travers une forme de système de quotas, l'équité doit être garantie dès la dotation initiale. En général, cette idée équivaut à ouvrir un accès universel au bien commun (l'eau, l'énergie, l'atmosphère) distribué gratuitement en quantité délimitée, et à vendre le reste (aux enchères) à un prix relativement élevé. Le même principe vaut pour une écotaxe : si la majorité de son rapport est utilisée pour financer une offre alternative correspondant au même besoin (par exemple, le transport), conformément à la recommandation 6, une part doit être réservée à l'accroissement du revenu des plus pauvres, au moins en proportion de l'écotaxe qu'ils ont à payer.

8. Présenter l'intérêt commun comme conforme aux intérêts individuels

Conduire moins et moins vite, manger moins de viande, mettre un pull supplémentaire en hiver plutôt que d'augmenter la température dans une pièce (ou à l'inverse, en été, apprendre à se rafraîchir et éviter tout système de climatisation) : autant de nécessités pour la planète. Mais c'est aussi l'avantage de chacun. Beaucoup d'objectifs de réduction de l'empreinte écologique sont bons pour la santé individuelle, pour la sécurité, et même pour le pouvoir d'achat. Certes, l'argument selon lequel chaque personne, à titre individuel, est concernée par la planète, convaincra et flattera un public éduqué ; un tel discours pourra en revanche passer pour du snobisme antisocial auprès d'un public plus populaire. Il n'y a pas de raison de dédaigner l'argument de l'intérêt bien compris individuel au nom d'une écologie plus radicale, ou de la critique de l'individualisme. Une mère préférera toujours cuisiner des aliments bons et sains pour ses enfants : pourquoi ne pas prendre en compte cette aspiration, quand on propose de réformer le système des prix agricoles européens afin de sauver le tiers monde de la famine ?

9. Être équitable dans l'effort

Quelquefois (pas toujours, mais vraiment « quelques fois »), la réduction de l'empreinte écologique et une plus grande solidarité avec le tiers monde, dans le cadre d'un *Green Deal* global, réduiront réellement le pouvoir d'achat de certains biens au « Nord » de la planète. Ce sera le cas dans la lutte contre le changement climatique, parce que le Nord consomme déjà le quota soutenable de deux planètes et demie. Même les classes ouvrières et les classes moyennes appauvries ressentiront le poids du « partage du fardeau », c'est la condition même d'un compromis mondial. Mais la condition pour qu'un tel compromis soit « voté » dans les pays les plus riches, c'est que les riches de ces pays supportent la plus grande part du fardeau. Si ce n'est pas le cas, la politique verte sera battue par la vision plus traditionnelle d'une politique « social-productiviste », ou plus probablement par le populisme.

10. Pas de larmes, mais des roses !

Je suis bien persuadé que, si de grands pas en avant vers un *Green Deal* ne sont pas accomplis d'ici 2020, et même d'ici 2019 (l'équivalent de 1940, dans la comparaison qui nous a servi de guide tout au long de cet essai), les défis que le monde aura à affronter réclameront réellement « de la sueur, du sang et des larmes [2] ». Ce n'est pas encore le cas. La plupart des réformes qu'il faut mettre en œuvre immédiatement pour réduire les inégalités et l'empreinte écologique sont relativement légères, alors que les effets des crises sont de plus en plus sévères. Mais cette argumentation n'est pas suffisante, si les citoyens ne sentent pas que la mobilisation en faveur du *Green Deal* n'est pas seulement une nécessité, qu'elle n'est pas seulement bonne pour eux-mêmes, leurs enfants et pour la planète, mais qu'elle peut également être un plaisir. Se mobiliser en faveur d'un avenir vert peut se révéler intéressant, passionnant, et pourquoi pas amusant. Le plaisir de participer à la sauvegarde d'une vie décente sur notre planète n'est pas seulement une nécessité électorale ; elle répond également à une crise anthropologique profonde de notre temps : une lutte contre l'individualisme galopant, pour la réhabilitation du sentiment de la communauté en voie de disparition.

Dans les années 1930, Hitler a gagné quand les fêtes nazies sont apparues plus enthousiasmantes et séduisantes que celles des socialistes ou des communistes. La noire cause qu'elles exaltaient était une forme de fausse communauté (le *Volk*, le peuple). Le succès des cinéastes du *New Deal*, les Capra, Vidor et Ford, comme celui des cinéastes du Front populaire, le réalisme poétique des Prévert, Carné et Renoir, fut d'imposer, dans la bataille culturelle, une communauté fondée sur l'amitié et la coopération de libres individus.

Il n'existe plus guère de « fêtes » de la fierté ouvrière comme le fut le 1er Mai. Nous, écologistes, chercheurs, artistes ou militants, devrons réinventer la fête des journées sans

2 Discours d'investiture de Winston Churchill au poste de Premier ministre, le 13 mai 1940, trois jours après l'offensive allemande et l'effondrement des armées française, britannique et belge.

voitures et des pique-niques sans (trop de) protéines animales, des solutions locales pour les désordres globaux et des *fiestas* altermondialistes. Faire du *Green Deal* une célébration joyeuse de notre commune humanité.

Conclusion

Le modèle de développement de l'après-crise ne peut pas être réduit à une réforme des règles prudentielles et de supervision de la finance, même ambitieuse. À cause de ses caractères communs avec la crise des années 1930, la crise du XXIe siècle exige une nouvelle donne, à la Roosevelt, entre le capital et le travail. Mais cette crise n'est pas non plus une simple reproduction de la Grande Dépression. Comme dans les crises d'Ancien Régime à la Braudel, le nœud « humanité/nature » est au cœur du problème, et cette fois de manière structurelle : le nœud alimentation-santé et le nœud énergie-climat. Aucun *New Deal* ne peut mener à un régime soutenable pour l'humanité et la planète, si ce n'est pas un *Green Deal*.

Le *Green Deal* implique des changements spectaculaires par rapport au modèle libéral-productiviste. Il ne peut pas être un retour au bon vieux fordisme ou au bon vieil État providence (même au niveau mondial), si par État providence on entend la simple redistribution d'un pouvoir d'achat. La soutenabilité écologique est aujourd'hui le caractère décisif requis par tout régime futur. Certains traits du modèle de développement vert apparaissent déjà :

– Un paradigme technologique économe en ressources, intensif en emplois, fondé sur des formes de travail industrieuses, qualifiées, avec une implication négociée des travailleurs.

– Un régime d'accumulation distribuant des gains de productivité plus généreusement aux salariés, en priorité sous la forme de temps libre, et « tiré » par la demande semi-publique d'investissements verts et de promotion des biens communs.

– Un mode de régulation fondé sur des relations plus stables capital-travail et le développement de l'économie sociale et solidaire, avec une planification environnementale incitative, à travers les écotaxes, les permis négociables, et une création de monnaie directement dédiés aux investissements verts.

– Une configuration internationale fondée sur la coopération entre les « vieilles » puissances et les nouvelles puissances émergentes dans la promotion de règles communes sociales et environnementales, probablement organisée en blocs économico-politiques de taille continentale allant jusqu'à la Fédération européenne, avec un « plan Marshall vert » en faveur des pays moins avancés.

Certains penseront qu'un tel projet est de l'ordre du conte de fées. Rappelons-nous que Karl Polanyi, qui identifia la Grande Dépression comme un effondrement du mythe du « marché autorégulé », qui n'avait su que détruire nature, travail et machines, a très justement prédit que l'alternative serait plus dirigiste. Mais ce dirigisme pouvait prendre trois formes : fasciste, stalinienne ou social-démocrate. En réalité, dans les premières années qui suivirent le Jeudi noir, les politiques libérales récessionnistes sont restées intactes, avec les Hoover, les Laval... À la fin des années 1930, le dirigisme avait effectivement gagné partout, mais en général sous les formes les plus totalitaires qu'étaient le fascisme et le stalinisme. Seule la victoire antifasciste permit le triomphe de l'économie social-démocrate de marché à l'Ouest, alors que le stalinisme progressait à l'Est.

Bien sûr, les nouveaux compromis, les nouveaux plans pour l'avenir ne sont pas ceux du *New Deal*. Ils sont à la fois sociaux et écologistes. Mais Roosevelt avait raison, dans sa campagne de 1932 : « Nous n'avons rien à craindre davantage que notre propre peur », peur qui nous tétanise dans les ténèbres de la crise. Un saut direct vers le *Green Deal* est possible, évitant le tragique détour des années 1940. Il n'est pas suffisant de démontrer sa cohérence, car le manque de confiance et le poids des intérêts en place s'y opposeront. Un modèle vert est nécessaire, mais la voie démocratique pour y parvenir nécessitera plus de subtilité politique, de créativité culturelle et de courage, que de démonstration scientifique. La base de tout pas en avant est de construire la confiance dans la possibilité de changer les choses, tous ensemble, à travers la coopération. Pour le bien commun.

ALAIN LIPIETZ
Janvier 2012

Table

CPI
BUSSIÈRE

Composition Facompo, Lisieux.
Impression réalisée par CPI Bussière
à Saint-Amand-Montrond (Cher).
en mars 2012.
Dépôt légal : mars 2012.
N° d'impression : 120216/4.
Imprimé en France